大橋昭一
Shoichi Ohashi
山田良治
Yoshiharu Yamada
神田孝治
Koji Kanda
編

Introduction
to Tourism
Studies

ここから
はじめる
観光学
● 楽しさから知的好奇心へ

ナカニシヤ出版

は し が き

　日本では、2003年に観光立国を宣言して以降、本格的に外国人の訪日観光客増加を目指すようになり、2006年には観光立国推進基本法を制定し、2008年には観光庁も設立している。こうした動きは、グローバル化が進展する現代社会において、観光が重要な産業として位置づけられるようになったことによるものである。また観光立国推進基本法においても謳われているように、観光は地域の活性化にあたって大きな役割を果たすものとして社会的に位置づけられるようになっている。くわえて、グローバルな観光客の移動にともない、異なる文化の出会い・交流が活発になっており、かかる点への対応や理解も重要な問題となっている。

　こうした社会状況に対応して、日本においても多くの大学で観光関連学部学科の設置がなされてきた。そして、学問としての観光学の深化を図るとともに、観光産業、観光を通じた地域再生のあり方、そして観光と文化の関係性に関する検討が加えられ、多くの教科書も出版されるなかで、観光教育の充実が図られてきた。しかしながら、上述の内容を初学者向けに包括的に紹介する書籍は、管見の限りいまだ出版されていない。

　そこで本書は、第Ⅰ部において観光現象および観光学の概要を解説し、第Ⅱ部で観光の経営について、第Ⅲ部で観光による地域再生について、そして第Ⅳ部で観光と文化について、具体例を挙げながら解説することにした。こうした構成をとることにより、観光についての基礎的かつ包括的な学習に資することを企図したのである。観光について学ぶ学生はもちろんのこと、観光に関心がある一般の方も、まずは本書を読むことで、観光および観光学の基礎知識を身につけていただきたい。そして、そこで興味を持った内容に関してさらに深く探究することを通じて、より人生を豊かにしていただくことを、編者一同、切に希望している。

　最後に、本書の出版にあたって、ナカニシヤ出版の酒井敏行氏にご尽

力いただいたことに謝意を表するとともに、和歌山大学観光学部の出版助成を受けたことを附記したい。

2016 年 11 月

大橋昭一・山田良治・神田孝治

目　　次

第 I 部

観光と観光学

第1章 観光とは何か

1. 観光の定義

　「観光とは何か」については、二つの観点から考えることが必要である。観光は、一方では、その量的動向を統計的に把握することが重要な課題であるから、それに役立つ「観光とは何か」の規定が必要である。しかし他方では、観光には統計的に把握できない質的な特徴があるから、そうした観点から「観光とは何か」を明らかにする規定が必要になる。

　前者は、いわば観光の量的把握の問題であり、後者は質的検討の問題である。本章では前者の規定を観光の「定義（definition）」とよび、後者を観光の「概念（concept）」とよんで区別する。ここでは、まず前者、すなわち観光の統計用の定義について考える。

　統計用定義として、現在わが国で公的に用いられているものは、国土交通省観光庁で定めている「観光入込客統計に関する共通基準」（最新は2013年改訂版）で、それによると、「観光とは、余暇、ビジネス、その他の目的のため、日常生活圏を離れ、継続して1年を超えない期間の旅行をし、または滞在する人々の諸活動」と定義されるとともに、「観光入込客とは、訪問地での滞在が報酬を得ることを目的としない者」と定義されている。

　実はこの定義は、世界的に使用されている統計用定義がそのまま用いられているもので、世界的に共通の定義が日本でも適用されているのである。その世界的に共通な定義は、世界的機関である「世界観光機関（World Tourism Organization：正式略称は UNWTO）」で定められているものである。ただし厳密にいうと、UNWTO の定義は英語の tourism を対象としており、日本語の観光を対象にしたものではないが、日本ではこうした場合、日本語の観光と英語の tourism とは区別しないで用いら

れているので、ここでも両者を区別することはしない。

　こうした統計用定義は、まとめていえば、旅行先での報酬稼得を目的としないもの、および1年以上にならないものという限定つきで、次の3種の旅行客をすべて観光客とするものである。すなわち①余暇利用の人たち、②友人・親戚等訪問や療養あるいは宗教上の理由など、いわば私的個人的用務の人たち、③ビジネスや研修的な用務の人たちである。

　以上のような統計上の定義については、英語圏でも tourism という言葉が一般的日常的に用いられている範囲を越え、広すぎ、違和感があるという声がある（Leiper 1979）。しかし、観光地で報酬を得るものであるかどうかは、把握することが比較的容易であるが、報酬稼得がない場合、たとえば余暇目的のものと、そうでないものとを区別することは実に困難であるし、他方、そうした旅行者を受け入れる交通業や宿泊業では、余暇目的の観光客であるかどうかによって、顧客への対応を変えることはしないし、対応を変える必要もないものであるから、どのような旅行目的をもつものであるかによって顧客を区別することはしないものとなる。すなわち、こうした観点のもとでは、UNWTO や日本の「観光入込客統計に関する共通基準」における観光の定義は、統計上の定義としては了とされるのである。

　しかしこれに対し他方では、これでは一般的日常的に観光といわれるものを質的に研究し分析することは難しいことになるから、それぞれにふさわしい「観光とは何か」について「概念」の規定をすることが必要になる。次に、この点について考えたい。

2．観光の概念についての考え方

　観光の「定義」と区別されたものとしての観光の「概念」は、日本だけではなく、世界的にも多様、多彩である。観光研究上の多様さなどについては次章以下で述べられるので、ここでは「概念としての観光」の本義ともいうべきものがどこにあるかを考えておきたい。

　まず第一に、観光の本義は「人が動く」ところにある。このことは、商業などの物品売買の場合と、観光の場合とをくらべると一目瞭然である。物品売買の場合には、通常、生産された所（工場など）から、販売さ

れる所に物品が運ばれ、買い手である消費者は生産地まで買いに行くことがない。物品の方で動き、人（消費者）は動くことがない。

　これに対し観光では、観光対象である観光資源は、原則としてその所在地に定着しており、そこから動くことがない（動けない）ものであるから、それを観光したい人間（消費者：観光客）の方で、観光地に行くこと、すなわち、動くことが必要である。観光地に行くことなく、観光地のことを単に本や写真で知ったり、見たりするだけのものは観光とはいえない。それは読書であり、写真鑑賞にすぎない。

　次に、では、観光客はなにゆえ観光対象を観たり、体験しようとして動くのか。これは、換言すれば、人間の観光動機はどこにあるかを究明する問題であるが、それはまず、人々の心のなかに「観光に行きたい」とする意欲・欲求が生まれることからはじまる。これは、観光動機のなかでも「プッシュ要因」といわれるものである。これと並行して観光地の働きかけやマスメディアの広報などにより強い誘引作用を受ける。これは観光動機のなかでも、観光地に引きつけられる要因であるので、「プル要因」といわれる。

　この場合、本来の観光動機といっていい前者の「プッシュ要因」には、どのようものがあるであろうか。「プッシュ要因」が生まれる根源についての考え方には２種のものがある。一つは、人間の持つヘドニズム的（hedonistic）な欲求である。これはギリシャ哲学のプラトンにはじまるもので、人間には食欲や性欲などの本能的欲望があり、それを充たそうとして人間行動は起きるとするものである。いま一つは、同じギリシャ哲学のアリストテレスからはじまるエウダイモニア主義的（eudae-monistic）な考え方である。これは、人間幸福は理性的な行為により得られると考え、人間行動の根源はここにあるとするものである。

　しかし、通常の観光理論では、観光動機は、さらに具体的に考えて、まず次の二者に大別され、それが出発点とされることが多い。一つは、「何か新しいことを知りたい、観たい、経験・体験したいという欲求」と、「日常的生活から脱却あるいは逃避したいという欲求」とである。前者の方が、人間形成上積極度が高く、観光地の宣伝・広報等ではこの点に重点をおくものが多いが、現在の社会生活のあり方、つまり資本主義体制下における通常的人間の日常生活から考えると、実際には、後者の動

機が高いウエートを占める場合が結構ある。そうした動機にあわせた観光地の広報などが大きな誘引力になることがある。

　以上で述べた通常の観光理論における二大観光動機は、これをまとめていえば、人々が観光に行こうとするのは、要するに、観光旅行において非日常的なものを観たり、体験しようとするためであるということができる。これは、実は、イギリスの著名な観光論者、J・アーリ（John Urry, 1946-2016）の説に立脚するものである。

　この考えによると、ナイアガラの滝のような有名な観光地にしても、地元の人にとっては日常的にあるものであるから、あらためて観光として行くことがないが、地元以外の人にとっては日常的ではないもの、すなわち非日常的なものであるから、観光に行くことになる。この観点からすると、観光は同じものでも、人により見る目、まなざし（gaze）が異なることによって起きるものと説明される。つまり、観光とはなんらかのかたちや程度における非日常性の追求をいうものと規定される。

　さらにここで、観光「概念」の考え方の一環として、そもそも日本語の観光という言葉はどのような語源をもち、現在どのような意味のものであるかを考えておきたい。日本語の観光という言葉は、中国の古典『易経』にある「観國之光、利用賓于王」（国の光を観るは、もって王に賓たるによろし）を語源にしたものといわれる。この点からいえば、観光は「国の光を観ること」を意味する。こうしたこともあり、幕末・明治初期には観光は「国威を示す」という意味で用いられていた。このことは、たとえば、1855（安政2）年オランダ政府より徳川幕府に寄贈された軍艦「スンビン号」に対し、幕府では「観光丸」と命名しているところによく示されている。

　しかし、現在では、観光という言葉は、このような意味で用いられてはいない。観光は、何よりも、風物、名所や旧跡などを訪ねる行為であり、気晴らしや保養などを目的としたものである。観光地への旅行にしても、ビジネス上のものや、縁者・友人の訪問を目的としたもの（帰省旅行といわれたりするもの）などは含まれない。日本語で観光という言葉がこのような意味で用いられたのはおおむね大正年間に入ってからである。たとえば、1930（昭和5）年当時の鉄道省に国際観光局が設置されているが、これが、今日的意味で観光を冠した最初の省庁であったとい

われる。

　観光については、現在では「観光立国推進基本法」などの法律があるが、この法律などでは「観光とは何か」についての規定はされていない。したがって「観光とは何か」をどのように考えるかは、前述の統計的把握の場合を除き、規定する個々の人や機関に任されていると考えられるが、この際考慮されねばならないことは、日本語では、英語の tourism にあたる言葉として、観光以外に、(カタカナの)「ツーリズム」があることである。

　この点から、現在における「観光」の意味を考えると、次の点がおおいに注目される。すなわち日本では、「ツーリズム」という言葉があるにもかかわらず、これとは区別して、ことさら「観光」という言葉を使う場合が多いことである。これは、日本の人々が「観光」とは、単なる「旅行」や「ツーリズム」ではなく、なんらかの「光を観る」行為と考えている、あるいは考えたいという意向の現れとみることができる。この場合何が「光」であるかは、個々の人により決められるもので、往時のような「国の光」をいうものではない。

3. 観光業・観光地のとらえ方

　観光は、とにかく自宅など定住的場所を一時的に離れて、観光対象の場所へ行くことであるから、観光が可能であるためには、観光対象となるもの、すなわち観光資源があるほか、そこに行く交通手段（道路を含む）や、休憩や食事をする食堂などの施設、さらには宿泊施設などが必要な場合が多く、一般的にはこれらの事業をあわせて観光業という。

　ところが、観光業の範囲や位置づけは、日本では明確ではない。たとえば、産業別（職業別）就業者数（人口）を集計する場合準拠すべきものとして公的に定められているものに「日本標準産業分類」（総務省統計局作成：現行は 2014 年 4 月実施）があるが、このなかには「観光業」という業種名はない。

　これは、一つには、観光に従事する交通業や宿泊業でも、前記で一言したように、利用者全部が観光客であるとは限らず、業種全体としては、観光業とはいいがたいためである。いま一つは、観光業務に従事してい

るものには、交通業や宿泊業のように基本的にはサービス業部門に属すものもあれば、食堂や土産物店のように、基本的には、物品の販売を業とし、商業（小売業）部門に属すものもあるからである。つまり「観光業」という業種名では産業部門的統一性がないのである。

　ここで、物品売買である商業と、そうではないサービス業との相違について一言しておきたい。サービス業に属すものには、前記の交通業や宿泊業以外に、娯楽業、教育、医療、福祉、宗教等をはじめ、弁護士や会計士の仕事なども含まれる。サービス業とは、本来これらの仕事を専門職として遂行する人のことである。では、サービス業の特徴はどこにあるか。

　人間の消費生活は、所得（端的には貨幣）を支出して、生活に必要なものを得ることによって成り立っているが、税金の支払などを別にすると、生活維持のために貨幣の支出を行う場合は、大別すると、二者に分かれる。一つは、なんらかの小売店に行って、有形物である物品（商品）を購入する場合である。いま一つは、サービス業の場合で、音楽会に行ったり、プロ野球を見に行ったり、旅館に泊まったりする場合である。

　両者の根本的な違いは次の点にある。小売店すなわち商業では、物品の売買により物品の所有権が買い手（顧客）に移り、買い手はその所有者として自由に使用、処分できる。しかし、サービス業、たとえば旅館での宿泊の場合などにはそうしたことはない。宿泊客は、その室を利用できるだけで、利用者の物とはならない。宿泊料金はその室の利用料であるにすぎない。この点は、交通業にも妥当する。交通機関で支払う交通料金は、運んでもらう区間についての当該交通機関の利用料である。

　サービス業の場合、支払料金の内容は二つの部分に分かれる。サービス行為をしてくれた人の働き（労働）に対する報酬的支払いと、サービス行為の際用いられた物品（用品・設備・施設など）の利用料とである。ただし、この両部分の割合は、サービス業のいかんにより異なる。旅館宿泊のような場合には、利用料部分が多いが、音楽会やプロ野球観戦などの場合は、演奏行為や野球行為に対する報酬的部分が多い。

　さらにここで「サービス行為」と「ホスピタリティ行為」の違いについて触れておきたい。「サービス行為」というのは、上記のように、その人の本来の専門職的な仕事をいい、たとえばプロ野球でいえば野球選手

が見事なプレーをするなど、プロ野球選手として野球の専門職的能力を発揮することである。観客にとってはこれを観ることが、入場料を払って来場した本来の目的となっているものである。その際その選手が観客のためにサインをしたり、一緒に写真を撮るなど観客に親切に振る舞ったりする行為が「ホスピタリティ」行為である。

　「サービス行為」と「ホスピタリティ行為」とは、ともに人間の労働行為であるから、一体的に行われる場合も多いが、しかし「サービス行為」は、その人本来の専門的能力の発揮であって、修練とともに熟練・能力の進展（キャリアの向上）が期待されるものである。「ホスピタリティ行為」を強調しすぎて、本職としての「サービス行為」の遂行力が疎かになっては本末転倒である。

　ただしアメリカなどでは、「ホスピタリティ産業」というと、通常はホテルなどの宿泊業とレストランなどの食事提供業をいう。これらのものが「ホスピタリティ産業」とよばれるようになったのは、これらの業種では「顧客に対し親切なもてなしを行うもの」という「概念」が広まったためである。

　観光地という場合には、観光資源、交通設備や宿泊施設を中心に地理的集団をなしているものが多い。そのなかには、物的資源や文化的資源もあれば、地域内人員の能力すなわち人的資源もあり、かつ、当該観光地自らが保有するブランド力などもある。さらに地域全体の統合的発展のためには、地域内における人間同士の共同心が肝要な事柄であるが、こうした人間関係の良さは、社会関係資本（social capital）といわれる。観光地の進展のためには、これら資源・資本が集約的に運営されることが肝要であるが、その際根本原理となるものは、今日では、環境保持を中心にした持続的発展の考え方である。

【参考文献】

アーリ、ジョン（1995）『観光のまなざし──現代社会におけるレジャーと旅行』加太宏邦訳、法政大学出版局。
大橋昭一（2010）『観光の思想と理論』文眞堂。
Leiper, N. (1979) "The Framework of Tourism: Towards Definition of Tourism, Tourist and the Tourist Industry," *Annals of Tourism Research*, Vol. 6, No. 4, pp. 390-407.

第2章
観光の歴史とその特徴

神田孝治

1．近代観光の誕生

　観光（tourism）は、18世紀後半からのイギリスにおける産業革命によって誕生したといわれている。この背景には、産業革命による工業化によって余暇時間が形成されたことがある。農業や家内制手工業などにおける出来高払い労働から、工場における時間決め労働に変化したことで、労働時間が明確化され、それにともなう社会的な時間の再配分のなかで、余暇時間が生み出されたのである（コルバン 2000）。さらに余暇時間の過ごし方についても、飲酒が社会問題化するなかで、それにかわる健全な活動が求められ、その一つとして集団での観光が推奨されるようになった（荒井 1989）。こうして、多くの人々が観光のための時間を過ごすようになったのである。

　観光のための空間も、観光時間と同様に産業革命にともなって生み出されている。19世紀のイギリスにおける工業都市では、工業化による大気や水の汚染といった環境問題を抱えており、また農村部から多くの労働者が都市に移動したため、住民の増加による住居の過密や不衛生な生活環境が生じていた。そのため、19世紀半ばに鉄道網が整備され、移動のための時間短縮と料金の低価格化が成し遂げられると、工業都市に住まう多くの人々は、都市を逃れて近郊の海浜リゾートに押しかけるようになった（アーリ 1995）。産業革命によって労働時間が明確化されて観光の時間が誕生したように、都市という労働のための空間ができあがる一方で、そこと異なる地域が観光のための空間として形づくられていったのである。

　こうした工業都市と対比された空間としての海浜リゾートは、近代日本においても同様のものが創り出されていた。その代表例の一つに、東

洋のマンチェスターとよばれる大工業都市に成長した大阪と対比される
空間として創造された、和歌山県南部の白浜温泉がある。白浜温泉は
1919年から土地会社によって開発が進められたリゾートであり、白良
浜とよばれる海浜と人工掘削による温泉を備えていた。この地は1933
年に大阪からの鉄道接続がなされたことで、まさに大阪在住民のための
リゾートとして機能するようになる。この白浜温泉の魅力は、1933年の
ある旅行案内書で「清浄な空気と太陽の紫外線から遮断され騒音と煤煙
の下でビヂネスビヂネスと仕事の重壓の下で働いてゐる人々にとつては
真に人生の楽園である」と宣伝されていたように、労働と煤煙の大都市
大阪との対比から生み出されていた。「白浜」という温泉地名も、大阪
の暗色イメージに対比される魅力あるものとして、かかる近代的なリゾ
ート開発によって新たに創造されたものであった。また、当時のある大
阪在住民は、「環境を変へて遊覧してこそ妙味があつて直に大阪のこと
を思はぬところがよい」ために、「一定の距離と時間」があることに白
浜温泉の価値を見出し、さらに「都会人は日夜経済上その他の問題で頭
を悩まされ」て「まさに精神病にならうとしている」ために、「都会人を
健全にするもの」としてこの地の温泉を賞賛している。すなわち、大都
市大阪で労働する人々がそこから逃避し、疲れた精神を癒すことができ
る、都市とは異なる遠方の魅力的な空間として白浜温泉は生産されてい
たのである（神田 2001）。

　こうした観光空間が誕生した背景には、資本主義社会における空間の
変容があった。先に挙げた海浜リゾート隆盛の背景には、高速かつ安全
で安価な観光客の移動を可能とした鉄道の発達がある。生産効率の向上
を図るために運輸や通信の技術が発達し、空間的な障壁が減衰したこと
により（ハーヴェイ 1999）、観光空間が拡大したのである。さらに、対外
的な投資と貿易を拡大するための帝国主義の進展により世界空間が再編
されたことも、観光空間の拡大に大きな役割を果たした。Ｔ・Ｈ・クッ
クのパック旅行は、1841年の団体割引鉄道旅行にはじまり、1851年の
ロンドン万博で規模を拡大し、その後パリ、ローマ、スイス、アメリカ、
中東・エジプトへとその範囲を広げ、1872年には世界一周旅行を主催
しているが（ブレンドン 1995）、これはまさに資本主義による空間の再
編と観光の密接な関係を示す事例である。

　日本においても、1905 年に日露戦争に勝利して朝鮮半島と満州における覇権を制すると、1906 年には満州および韓国への修学旅行や朝日新聞社による旅行団が組織されている。さらに 1908 年になると、朝日新聞社はトーマス・クック社と提携して世界一周旅行も企画している（有山 2002）。また先の白浜温泉についても、1898 年から租借地としてドイツが占領下においた遼東半島膠洲湾青島にドイツ人が創り出した海水浴場を参考に開発計画が創られており、また同地の魅力には西洋との想像上の繋がりがしばしば指摘されていた。くわえて、南国楽園幻想も投影されるなかで、同地は南国イメージを喚起する「南紀」を通称に冠し、1935 年頃から「南紀白浜温泉」とよばれるようになった。観光客の移動も、特定の観光空間に投影されるイメージも、資本主義社会における空間の変容と密接に関係していたのである。

　近代観光の進展には、国家による観光政策が大きな役割を果たしていたことも重要なポイントである。日本においては、外国人観光客の集客による外貨獲得が企図されるなかで、1930 年に国際観光局が鉄道省内に設置され、1934 年と 1936 年には、阿寒、大雪山、十和田、日光、富士箱根、中部山岳、吉野熊野、大山、瀬戸内海、阿蘇、雲仙、霧島という計 12 カ所の国立公園が指定されている。とりわけ国立公園について考えると、観光と政治の問題が浮き彫りになる。当時の国立公園は、自然風景地の観光資源化にきわめて大きな役割を果たしたが、あわせてナショナリズムと親和的な日本を代表する風景が指定されるという政治的なものとなっていた。そのため、多くの国立公園は、日本の象徴的な風景とされる山岳風景地が選び出されていた。例外としては瀬戸内海国立公園と吉野熊野国立公園の熊野地域における海岸風景があったが、それも「海国日本」を象徴する風景地を加えるべきだという 1931 年頃からの議論を受けたものであった。とくに熊野の海岸は、建国の祖とされる神武天皇の上陸地であることが国立公園の意義として強調され、きわめて政治的な空間として位置づけられるなかで観光資源化が果たされていた（神田 2012）。

2. マスツーリズムの発展

　第二次世界大戦の勃発は、近代観光の進展に大きな影響を与えることになった。たとえば南紀白浜温泉においては、第二次世界大戦中には療養地であることが国策上求められるようになり、「銃後の国民の心身鍛練の場所」と位置づけられ、その役割を大きく変えることになった。さらに1942年に宿泊客数年間約22万人であったものが、日本の敗戦により1945年には5万人以下へと大きく観光客数を減少させることになったのである。

　しかしながら南紀白浜温泉は、敗戦後における外貨獲得のための国際観光事業の進展を企図して1950年に実施された「日本観光地百選」の選定で温泉部門2位になったことや、米国軍人の駐在を契機に拡大した性関連産業の発展などを背景に、1960年には宿泊客数100万人を突破する。さらに、1960年前後に交通環境の改善や性関連産業の浄化活動がなされるなかで、同地は1960年代半ばに日本における新婚旅行のメッカと位置づけられ、1965年には宿泊客数200万人を集める全国的な観光地になり、その後も家族客を取り込むなかでほぼ継続的に200万人以上の宿泊客数を維持したのである。

　この南紀白浜温泉の事例にあるように、1960年代以降に観光客数が大幅に増大するマスツーリズムの時代を迎えることになる。もちろんこれは日本だけの現象ではなく、たとえば、1963年にフランス政府がはじめたランドッグ・ルシヨン沿岸リゾート開発は、増大する大衆観光客を受け入れるリゾート開発の成功事例として広く知られている。さらにこうした事例を受けて、日本においては1987年に総合保養地域整備法（リゾート法）が制定された。これは、「良好な自然条件を有する土地を含む相当規模の地域である等の要件を備えた地域について、国民が余暇等を利用して滞在しつつ行うスポーツ、レクリエーション、教養文化活動、休養、集会等の多様な活動に資するための総合的な機能の整備」を行うもので、国の承認のもとで都道府県が策定した計画に基づいてなされる民間事業者を活用したリゾート開発が、全国で42カ所実施された。

　先に紹介した吉野熊野国立公園に指定された地域でも、同時期にリゾ

ート開発が実施されている。和歌山県は 1986 年に発表した長期総合計画において「テクノ&リゾート計画」を打ち立て、内陸山間地域および県南部地域を、「黒潮」、「高野熊野」、「木の国高原」という三つの地域からなる「紀の国リゾートゾーン」と位置づけた。この結果、国立公園に指定されていた熊野地域のうち、臨海部が「黒潮」リゾートエリア、山岳部が「高野熊野」リゾートエリアとされ、熊野を冠する地域は山岳部となった。その後、1990 年にはリゾート法に基づき「"燦" 黒潮リゾート構想」を樹立して臨海部のリゾート開発を推進することとし、1994 年に和歌山市臨海部のマリーナシティにおいて、「世界リゾート博」を開催したが、熊野の臨海部においては目立った事業は実施されなかった。そして 1999 年に開催された「南紀熊野体験博」において、日本の大都市居住者にとっての「こころのリゾート」として南紀熊野が位置づけられるとともに、そのシンボル空間として「熊野古道」が象徴的に取り上げられた。吉野熊野国立公園において熊野の象徴であった熊野海岸ではなく、山岳部を中心とする「熊野古道」がリゾートとして意味づけられ、新たな熊野の象徴となったのである。このように、マスツーリズムに対応したリゾート開発によって、新しい観光資源が創り出され、既存の観光地の枠組みも再構成されるという状況が生まれたのである。

　また、こうしたマスツーリズムの進展は、これまでにない問題も巻き起こすことになった。その象徴的な事例として、鹿児島県最南端に位置する周囲約 21.9 km の与論島という小さな島がある。同地は、1946 年 3 月 13 日から米国海軍軍政府の統治下におかれたが、1953 年 12 月 25 日に日本に復帰しており、それから沖縄が 1972 年に日本に返還されるまで、南西諸島における日本最南端の島になっていた。そのため、1960 年代中頃から観光地化が進行し、1972 年に「人の集まるところには群れたがるのが日本人の特性。昨年の国内観光地の目玉商品は、北の知床と南の与論島だったようである」と雑誌記事において報じられたように、与論島は 1970 年代前半に日本を代表する観光地になっていた。1967 年に 7993 人だった観光客は 1972 年には 4 万 5539 人にまで増加し、そうしたなかで、遺骨やサンゴの盗難事件、物価の高騰、水不足、ゴミ公害、島民の心の退廃などのいくつもの悪影響が現地にもたらされることになった。とりわけ、同地の道徳観を逸脱した観光客の男女関係が地元住民の反感

を買い、「ブームの与論島の聞きしにまさる性解放」と題した記事が1971年発行の週刊誌に掲載されると、地元住民は大きく反発した。週刊誌発売後間もなく実施された与論高校新聞部のアンケートでは、同校生300人中156人、町民96人中80人が観光ブームに反対するという事態になったのである（神田 2012）。

3. 現代における観光の特徴

　第二次大戦後、国際的に移動する観光客が大幅に増大し、世界観光機関の統計によれば、1960年に7000万人弱だったものが、2012年には10億人を突破している。日本でも2003年に観光立国を目指すことが宣言され、2008年には観光庁が新設されて、2013年には1000万人を超す海外からの観光客を集めている。また2006年に制定された観光立国推進基本法において、国際観光客の増大を踏まえた「地域経済の活性化」が志向されているように、日本国内の各地で国際観光客を視野に入れた観光振興へ向けた取り組みが進行しつつある。

　こうした国際的な観光移動の増大やそれに着目した経済振興の背景には、1970年頃からとくに進展しているグローバリゼーションの動きがある。この頃から、ジャンボジェット機の就航などにより、観光客を含む人、商品、そして資本の移動性が高まったのである。またそうしたなかで、合理性と均質性を求める時代から、ますます均質化する社会のなかで差異を強調する時代へと変化している。この時代は空間的障壁が小さいがゆえに、国や地方自治体といったさまざまなスケールの場所が、他の場所と熾烈な競争的環境におかれている（ハーヴェイ 1999）。そのため、他の場所と差異化する必要性が生じ、差異が重要なポイントとなる観光に焦点をあてた経済振興が各地で注目されているのである。つまり現代社会においては、観光が資本投下・消費獲得・雇用創出の重要なテーマとなり、観光空間が全域化しているのであり、多様なスケールにおける差異化のなかで、グローバルな観点がより重視されるようになってきているのである。

　先に紹介した熊野も、現在では日本の都市住民にとってのリゾートという位置づけではなくなってきている。南紀熊野体験博を契機として、

同地の世界的な価値を高めるべく、「熊野古道」を世界遺産に登録することを目指す市民団体の活動や県の取り組みがなされるようになり、2004 年 7 月 1 日に「紀伊山地の霊場と参詣道」として世界遺産リストへの登録を実現させたからである。この選定は、「アジア太平洋地域における信仰の山の文化的景観」として同地の価値を認めたものであり、日本という国家のスケールではなく、グローバルな観点からの「アジア・太平洋地域」というより広範な空間スケールにおいて、リゾートとは異なる「信仰の山」という意義づけがなされているのである。

　1970 年代以降から次第に顕在化した新しい状況は、近代社会に創造された固定的な境界がゆらぎ、さらには消滅するというポストモダン社会としてもしばしば理解されている。既存の権威は疑義に付され、そこでなされていた線引きは解体されるのである。先に挙げたグローバル化の進展とそれにともなう国際的な観光客の移動は、国境という境界を解体させていく動きとしても理解される。観光客の性別もかつてのように男性中心ではなくなっており、この点における性差はほぼなくなっている。近代社会において創り出された組織もゆらいで個人化が進展しており、画一的なマスツーリズムは次第に衰退し、各個人ごとに多様な観光が行われるようになってきている。この新しい観光の形態は、マスツーリズムがもたらした諸問題への反省から生じたエコツーリズムのような特定の倫理観に基づくものもあれば、アニメーションの舞台を訪れるアニメ聖地巡礼のような観光客側の特別な趣味趣向に基づくものもある。また、近年の ICT（情報通信技術）の発達は、こうした新しい傾向を促進している。観光客は旅行業者に依存することなく、自身で情報を収集して独自に旅程を組み立て、宿泊施設や航空券の予約も自ら行うことができるようになっている。さらに観光客は、ICT を用いて自ら情報を発信することが可能になっており、観光関連業者の情報に依存せずに、観光客同士で情報交換するようになっているのである。

　先に紹介した与論島でも、近年は新しいタイプの観光客が同島を訪れるようになっている。2007 年 9 月に公開された映画『めがね』が、同島をロケ地とし、そこを「自由」を取り戻すために「たそがれる」島として描き出したため、都市部から主に一人旅の若い女性が訪れるようになったのである。この映画『めがね』をアピールするいくつかの観光宣伝

が現地で行われているが、観光協会における聞き取りでは、それを制限するような意見も述べられていた。同映画を見て来る観光客は ICT を用いて自分で情報収集して来島するため、積極的な宣伝は逆効果であろうというのである。同映画において、「たそがれる」という行為は、マスツーリズム的な「観光」と対比するものとして提起されている。いわゆる「観光」とは異なる新しいタイプの観光として同島において「たそがれる」ことが提起されているのであり、これまでとは異なる観光振興のあり方が模索されるようになっているのである。

【参考文献】
荒井政治（1989）『レジャーの社会経済史』東洋経済新報社。
有山輝雄（2002）『海外観光旅行の誕生』吉川弘文館。
アーリ、ジョン（1995）『観光のまなざし——現代社会におけるレジャーと旅行』加太宏邦訳、法政大学出版局。
神田孝治（2012）『観光空間の生産と地理的想像力』ナカニシヤ出版。
コルバン、アラン（2000）「レジャーの誕生」『レジャーの誕生』渡辺響子訳、藤原書店、7-20頁。
ハーヴェイ、デヴィッド（1999）『ポストモダニティの条件』吉原直樹監訳、青木書店。
ブレンドン、ピアーズ（1995）『トマス・クック物語——近代ツーリズムの創始者』石井昭夫訳、中央公論社。

第3章
観光学と観光教育

山田良治

1. 世界の観光教育

1) 戦後における観光教育研究の台頭

　世界観光機関（UNWTO）の資料によると、1950年に2500万人だった外国への旅行者は、今世紀の初頭（2002年）には7億人に達し、その後も右肩上がりの成長を続けている。この大きな部分は歴史をさかのぼるほど欧米諸国の旅行者によって占められており、それはそれらの諸国における観光関連産業の発展をともなっていた。

　こうした社会経済的な成長は、これを担う観光関連部門固有の専門的能力の必要性を惹起し、またこれを担保する教育制度の発展を要請した。イギリスの場合でいえば、1960年代に入るとまず他の学問領域の一部のコース（プログラム）として観光が登場するようになり、60年代の末までには独立した観光ディプロマプログラムも発足した（この影響はアメリカでのコーネル大学におけるホテル・マネジメントプログラムなどに飛び火した）。これらの事実は、1960年代には観光 "tourism" が独自の学会を有するような明確な学問分野として、したがってまた大学における教育研究分野の一つとして社会的に認知されるようになったことを示している。これを起点と考えると、イギリスをはじめとする欧米諸国では、この分野での大学におけるような高等教育研究は、今日までにすでに半世紀以上の歴史をもっていることになる。

　また、1972年にはイギリスのストラスクライド大学とサリー大学に初の大学院が設置された。イギリスでは、観光系の大学院はその後順調に増大し、2005年のデータによると、観光分野における修士課程の学生は約850名、同じく博士課程の在籍者は135名、両者あわせて約1000名を数えるまでに成長したとされる。

このプロセスを教育研究の内容という観点から俯瞰すると、次のよう
に理解することができる。まず、観光における高等教育は、なによりも
職業教育に特化した教育体系として発展を開始した。「誕生した学部プ
ログラムは、実務に焦点を当て産業や雇用と密接にリンクした、非常に
職業とのつながりを志向したものであった」（Airey and Tribe 2005）。

　こうした傾向はその後も続いている。1998年の調査資料によると、対
象とされた観光系99プログラムのうち、内容として含まれるトップ10
は以下の項目であった。

　　　目的（回答数＝99）
　1．進路選択
　2．雇用とのリンク
　3．観光産業（大規模・世界）
　4．実践的職業スキル・理論
　5．観光産業（国内）
　6．ビジネス・スキル
　7．私的・公的セクターとの関係
　8．他の職業に転換可能なスキル
　9．サウンド教育・学術的理解
　10．広範な基礎的学識

　J・トライブは、こうした職業・実務志向を「職業教育重視主義」
（vocationalism）とよび、この考え方にたったカリキュラムを職業・実践
型カリキュラム（Vocational/Action curriculum）とよんだ。こうした観光
教育の性格は、今日でも継承されている（Tribe 2009）。

2）観光教育の発展

　一方、20世紀の終わり、とくに1990年代に入ると、サービス経済化
の著しい進展、交通の発展を背景としたグローバリゼーション、インタ
ーネットなどによる情報技術の飛躍的発展といった諸事情が、人々の観
光欲求を顕著に発展させ、地球レベルでの空間的な移動と異文化交流を
促進することを通じて、観光の社会経済的意義が決定的に高まってきた。

観光の広がりと成長が既存の観光形態を多様化させ、さまざまな社会的
文化的問題とも関連性を深めるようになるにしたがい、教育研究内容も
またこれを反映する傾向も明確となってきた。1990 年代の末に観光教
育学会（the tourism education community）が提起し、イギリス高等教育
品質保証機関（UK Quality Assurance Agency（QAA）for Higher Educa-
tion）が認定した観光に関する次の科目基準は、こうしたベクトルを示
す一つの例である。

　　　観光のための教育の質保証
　　　学習分野としての観光の概念と特徴
　　　観光産業の生産物、構造、相互作用
　　　コミュニティと環境における観光の役割
　　　自然と観光客の特性

　ここにみられるように、これら「四つの基本項目のうち一つが観光産
業に関してのもの」であり、「残りは、観光のインパクトと人間活動と
しての観光の性格の面での、観光によって生じたより広い諸問題にかか
わるものである」（Airey 2005）。観光にかかわる人々の行動の多様化と
深化が、観光諸現象のより広く深い認識を求めはじめたのである。こう
した変化にともなって、観光以外の伝統的な専門領域で活動する研究者
にも観光に対する関心が広がり、これまでの実務的で実態調査的なもの
にとどまらず、伝統的な学術分野の観点から学術基盤（knowledge base）
のうえにたった科学的・理論的研究の発展が促された。
　かくして、1990 年代に入った頃から、社会学、地理学、文化人類学な
どの分野を中心に、主としてイギリスをはじめとするヨーロッパにおい
て理論的・方法論的な研究の増加が明確となってきた。この意味で 90
年代は職業重視型教育に加えた学術重視型教育への始動期であるといえ
る。代表的なものとしては、日常との差違を求める観光客の社会的まな
ざしについて論じたアーリの『観光のまなざし』（Urry 1990）をあげる
ことができる。一方、観光学者のトライブもツーリズムの学問的方法論
について論じている（Tribe 2009）。トライブによれば、観光研究は、大
きくは前定型段階（Pre-Paradigmatic Phase）、観光体系段階（Tourism

System Phase)、そして新アプローチ段階（New Approaches Phase）の三つの段階に区分されるが、初期の暗中模索的段階から各方面における観光事象研究を経て、いくつかの方法論的な類型を含んだ一つのアカデミックな学問分野の構築が志向されつつあることがわかる。

　観光教育研究の特徴は、またその学際性にあることも周知の事実である。この観点からは、観光教育研究の発展プロセスを、追加的学術領域（extradiscipline）→多元的学術領域（multidiscipline）→学際的学術領域（interdiscipline）の各段階を経てきたとみることもできる（Airey and Tribe 2005）。実務重視から学術重視の科学的研究への深化の過程が、より広範な学術分野を包摂する学際性の発展として展開してきたことは明確であるが、その学際性もまたいわば多元的な寄せ集め段階から、観光をキーワードとして方法論的な相互関係を問う体系的な学際性に進化しつつあるというのがその含意である。しかし、このことは現段階の世界の観光学がすでに確立したことを必ずしも意味しているわけではなく、教育研究の方法がそのような多様な観点からのアプローチを前提に、これらの相互関連を解明しようとする段階に立ち至ったということである。その意味では、真に学際的な観光教育研究はまだ緒についたばかりであり、これを発展・確立することが世界の観光研究の焦眉の課題となっている状況である。

2．日本の観光教育とその特徴

1）観光における高等教育研究の水準

　日本の観光教育研究は、主として以下のような内容的な特徴をもっている。

　第一に、20世紀末までは、観光学部・学科自体がごく限られたものであることからわかるように、独自の観光教育はきわめて限られた範囲でしか行われていない。このことは、この時期のわが国の観光教育が、イギリスにおける職業教育重視段階であったことを示唆している。したがって、観光研究もまたごく端緒的な段階にとどまることは想像に難くない。研究の社会的必要性と水準は大学院の発展に反映されるとすると、初の大学院設置が1998年であったことも、この状況を裏づける事実で

ある。

　第二に、今世紀に入ってようやく観光教育研究が独自の専門領域として発展をはじめたが、イギリスの初期段階がそうであったように、そこでの教育体系が職業選択と強くリンクした実務型の性格が強いものとして現れてきた。これに照応して、世界レベルでいうところの多元的観光研究が台頭するが、そこでは概して国内の、もしくはわが国に関連した観光事情の実態調査による事例紹介的研究がその中心を占めてきた。

　第三に、一般に各種事象における後発型の発展過程は、先発型のプロセスをより短い期間に通過したり、凝縮した形態をとったりすることが少なくない。この意味で、今世紀に入っての日本の観光教育研究は、もっぱら「追加的」か「多元的」かのどちらかまたは両方のスタイルで展開してきたと考えられる。そして、後者の比重の高まりは、制度的基盤としては多分野から構成される大学院修士課程の持続的増加と連動し、その先端部分にごく少数ながら大学院博士課程の設置というかたちで具現してきたというのがこの間のおおよその経緯である。

　このようにみてくると、日本の観光をめぐる高等教育研究の水準は、なお概して「多元的」の域を出ることはなく、かつまたそれもニューアプローチ段階といった世界的な方法論・理論ともほとんど双方向的な交渉をもたず、比較的国内に閉じた、いわばガラパゴス的性格をあわせもったものであるとみることができる。このことは、端的には全体として大学院の規模が、一国の社会経済規模と比べて非常に小さいことに現れている。つまり、高度な科学的研究のストックがなくても、成り立つことが可能な内容の観光教育が行われてきたと考えられる。観光分野において、他の人文社会科学などの領域においてメジャーと評されるような全国規模の学会誌と比肩しうるような学術誌が少ないこともまた、現実の教育がそうした場を必要としないレベルのものであるという事情に照応している。

2）分野構成上の特徴

　次に、わが国の観光関係高等教育機関の分野的構成について述べる。
　観光庁の作成した資料（図3-1）によると、「人文・社会科学系」「地域づくり系」「ホスピタリティ系」「経営系」の四つの類型から構成されて

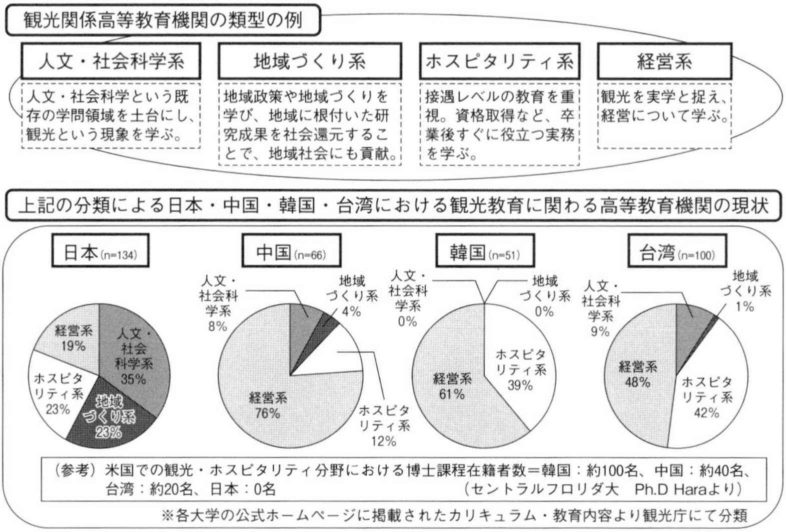
観光関係高等教育機関の類型の例
人文・社会科学系
人文・社会科学という既存の学問領域を土台にし、観光という現象を学ぶ。
地域づくり系
地域政策や地域づくりを学び、地域に根付いた研究成果を社会還元することで、地域社会にも貢献。
ホスピタリティ系
接遇レベルの教育を重視。資格取得など、卒業後すぐに役立つ実務を学ぶ。
経営系
観光を実学と捉え、経営について学ぶ。
上記の分類による日本・中国・韓国・台湾における観光教育に関わる高等教育機関の現状
日本(n=134)
経営系 19%
人文・社会科学系 35%
ホスピタリティ系 23%
地域づくり系 23%
中国(n=66)
人文・社会科学系 8%
地域づくり系 4%
経営系 76%
ホスピタリティ系 12%
韓国(n=51)
人文・社会科学系 0%
地域づくり系 0%
ホスピタリティ系 39%
経営系 61%
台湾(n=100)
人文・社会科学系 9%
地域づくり系 1%
経営系 48%
ホスピタリティ系 42%
(参考) 米国での観光・ホスピタリティ分野における博士課程在籍者数=韓国:約100名、中国:約40名、台湾:約20名、日本:0名 (セントラルフロリダ大 Ph.D Haraより)
※各大学の公式ホームページに掲載されたカリキュラム・教育内容より観光庁にて分類

図 3-1　観光関係高等教育機関の類型例

出所）観光庁『東アジア圏の観光における国際競争力に関する調査事業実施報告書』より

いる。それぞれのシェアは、「人文・社会科学系」が35%、「地域づくり系」23%、「ホスピタリティ系」23%、「経営系」19%である。こうした研究分野構成上のわが国の特徴は、「人文・社会科学系」と「地域づくり系」の比重の高さにある。これに対し、図3-1のように、中国が「人文・社会科学系」8%「地域づくり系」4%「ホスピタリティ系」12%「経営系」76%、韓国が「人文・社会科学系」0%「地域づくり系」0%「ホスピタリティ系」39%「経営系」61%、台湾が「人文・社会科学系」9%「地域づくり系」1%「ホスピタリティ系」42%「経営系」48%である。欧米諸国についても、先に紹介したイギリスのサリー大学も経営系であり、アメリカの主要な観光を専門とする大学とされるセントラルフロリダ大学もホスピタリティ経営学部である。

こうした事実から次の諸点を指摘することができる。

第一に、わが国を除くアジア諸国がその典型であるように、概して観光系学部・学科では、実務・実学系の分野として「経営系」・「ホスピタリティ系」の比率が高い。このことは、同じく実践的性格の強い「地域づくり系」を含めて、わが国の観光研究が事例紹介的なものに集中する

一つの背景をなしている。

　第二に、先進諸国における高度な学術的・科学的観光研究は、その主要部分を「人文・社会科学系」が担っている。たとえばサリー大学では、学部名称としては観光経営を掲げる組織でありながらも、実際の研究者の構成は人文・社会系教員が主であり、理論的な学術研究をベースに経営も守備範囲に含まれる構成となっている。オーストラリアにおける観光学研究で名高いクイーンズランド大学の場合では、経営・経済・法学部の下に School of Tourism（観光スクール：日本の観光学部に相当）がおかれ、観光行動と観光客の経験、持続的観光地研究、観光労働力の発展、持続的なイベントとレジャー・ライフスタイル研究の四つの柱立てのなかで、人文・社会科学的なテーマ・スタンスを中心に学際的なアプローチで観光研究が行われてきた（同スクールは、2013 年に同大学ビジネススクールの傘下に組織替えしたが、教育研究の内容はそのまま継承）。

　こうした事実は、観光研究における対象の総合性がかかわっている。すなわち、一方において供給サイドの「経営系」研究や実務型の教育研究があり、他方において観光者としての人間のあり方が問われるという事情が、学問研究のあり方に強く作用していることを示唆している。「人文・社会科学系」分野における伝統的な研究ストックを継承することの重要性を指摘することができよう。

　第三に、「地域づくり系」の比重が高いことは、わが国での観光振興政策と観光研究の生成・発展が、地方都市や農山村の社会経済的な衰退と踵を接して展開してきたことと強い相関がある。すなわち、地域的衰退がわが国のような形態をとらない欧米諸国、まだ発展途上であって概して右肩上がりの経済成長の過程にあるアジア諸国では、観光が地域づくりと直結する必然性がほとんど存在しない。わが国においては、現在、また将来にわたって、地方都市や農山村の再生を観光に注目して果たしていくことは重要な課題なのであり、またそこに産学官が連携した観光への取り組みの必然性がある。すなわち、観光系学部・学科が「地域づくり系」組織においてなされていることは、日本発の諸外国にない新しい観光学の可能性を開いているともいえる。そして、「地域づくり」もまたその主たる対象が社会と人間であることを考えるならば、人文社会科学的研究がベースとなることは当然の流れといえる。

かくして、わが国の観光関係高等教育機関の独自の分野構成は、全体としては現実社会の展開を強く反映したものであることがわかる。少なくとも、アメリカやアジア諸国にみられるような「ホスピタリティ系」や「経営系」への著しい特化は、わが国の実情にそぐわないとみるべきであろう。

　なお、この観光庁の類型化は、現行の学部・学科名をもとに便宜的にタイプ分けしたものであり、方法論を含めた教育研究内容からの分類としては必ずしも適当でない面がある。たとえば、「地域づくり系」「ホスピタリティ系」「経営系」を、専門分野として「人文・社会科学系」と横並びにすることは不自然である。全体としては「人文・社会科学系」であり、その構成要素として前の三つの系がある。また、「ホスピタリティ系」は、実態としては、「文化」の要素を基礎としたマネジメント（「経営」）であり、わが国ではむしろ日本文化論や異文化コミュニケーション、文化人類学など観光にかかわる「文化」論として存在している場合が少なくない。世界的にみても、ニューアプローチ段階をリードするアーリらの議論は、観光の独自性を「文化」に強く着目しつつ議論を展開している。

　これらの事情を考慮すると、観光教育研究の支柱となるコンセプトとしては、主として供給サイドの事業主体を取り扱う「観光経営系」と、主として面的・地域的な観光現象を取り扱う「地域づくり系」があり、これに異文化論などを対象とする「観光文化系」を加えた三つの柱を想定することができる。ちなみに、学部・修士課程・博士課程まで擁する唯一の国立大学である和歌山大学の教育課程は、このような観点に基づいて設計されている。

3）観光系高等教育機関の設置状況

　わが国における明確な観光系高等教育機関の登場は、1967 年の立教大学社会学部観光学科の設置にはじまる。サリー大学などにおける設置が同じく 60 年代であったことを考えると、立教大学の対応はこれにほとんど間髪を入れないものであり、先見的な試みとして評価できる。しかし、その後 1974 年の横浜商科大学商学部貿易・観光学科の設置を除けば 70 年代、80 年代と新学部・学科の設置はなく、1993（平成 5）年の

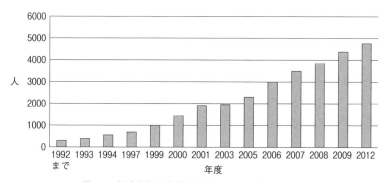

図 3-2　観光学部・学科を設置している大学の定員数

出所）文部科学省・観光庁資料（2012 年度については和歌山大学で独自に集計）。

流通経済大学社会学部国際観光学科の設置以降に、新設傾向が明確となる。

　図 3-2 によれば、1992（平成 4）年までの観光学部・学科の定員数は240 人にとどまっていたものが、その後とくに 2000 年代に入って定員数は急増し、2012（平成 24）年には 4792 人に達した。実に、20 年間に20 倍にも伸びたことになる。

　一方、大学院の設置は、1998 年のやはり立教大学観光学研究科の登場を嚆矢とする。この研究科は、1973（昭和 48）年の立教大学大学院社会学研究科（応用社会学専攻）を母体とするものであるが、観光学研究科自体の誕生までに観光学科誕生から 31 年、観光学部誕生から 17 年を要したことになる。イギリスのストラスクライド大学とサリー大学の大学院設置が 1972 年であったことと対比すると、四半世紀以上の遅れである。

　その後、大学院の方も 2000 年代に入って傾向的に増加するようになり、2009 年現在、修士課程で 6 研究科・定員 81 名、博士課程で 2 研究科・定員 11 名という状況である。しかしながら、イギリスにおける観光系研究科の学生数が 2005 年時点で修士博士含めて 1000 名程度ということと比べると、およそ 10 分の 1 のスケールにすぎず、今日においても日本の観光学に関する高等教育の量と質はなお、きわめて不十分である。

　今日、観光は、産業の視点からみれば「世界最大のサービス業」（前田2003）部門に成長するとともに、人々の生活に目を向けると、その充実にとってかつてなく不可欠な重要なファクターとなるに至った。こうし

た現状をみる限り、観光（学）教育の社会的役割は強まりこそあれ弱まることはありえないだろう。にもかかわらず、「観光立国」宣言とのギャップは大きい。観光学の学術的発展に裏づけられた観光教育の発展は、とくにこの国の焦眉の課題の一つである。

【参考文献】
観光庁（2011）『東アジア圏の観光における国際競争力に関する調査事業実施報告書』
前田勇（2003）『21世紀の観光学』学文社。
Airy, D. and Tribe J. eds.（2005）*An International Handbook of Tourism Education*, Elsevire.
Tribe, J. ed.（2009）*Philosophical Issues in Tourism*, Channel View Publications.
Urry, J.（1990）*The Tourist Gaze*, Sage.

第Ⅱ部

観光の経営について学ぶ

第4章 観光と経営

竹林浩志

1．経営戦略の重要性

　経営学とは、企業あるいは組織の運営を考える学問である。それもどうすれば企業・組織が長期的・永続的に活動可能になるのかということを考えるものである。それゆえ、観光という現象を経営学的に分析する際には、まず第一に、その対象となる企業・組織にはどのようなものがあるか、ということを理解しておく必要がある。

　観光の範囲は、その定義によって多少の相違はあるが、「定住的場所を離れる」ということと「なんらかの観光目的地を訪れる」というこの2点に関しては基本的な事柄であろう。そうであるならば、観光資源となる名所や施設のほかに、交通機関や食堂や宿泊施設や土産物屋なども観光の範囲に含まれる。このように考えれば観光は、観光目的物以外に交通、宿泊、飲食、土産物購入などの諸要素が組み合わさったものととらえることができ、これら諸要素からなるシステム的・複合的な行為だと考えられる。

　しかし、これらの交通機関などの施設・事業は、そもそも観光のためだけに存在するわけではなく、一般住民の日常生活や仕事上の利用においても役立つものである。言い換えれば、観光用に利用されるのはその一部分にすぎないであろうし、観光だけを前提としたものはごく少数とも考えられる。

　つまり、現実的に考えれば、観光という現象を経営学的に考察する場合、観光に関連する個別の経営体・組織を対象ととらえることもできるのであるが、それだけではなく、観光現象それ自体が、多様な意思をもつ企業を中心とした諸要素が組み合わさって成り立つものでもあるため、それらをいかにして全体として運営していくのか、ということを検討す

ることもその範囲に含まれるといえる。

　観光の問題は、当然ながら観光の目的対象となる観光資源が中心となる。もちろんテーマパークなどのようにそれ自体が目的対象となる観光に関連する個別企業の運営に関しては、これまでにも経営学的な見地から数多くの研究がなされ、研究蓄積もなされてきた。しかし、現在の日本の多くの観光地において、地域全体としての観光振興の方策が模索されている状況を考えれば、地域全体を観光の対象としてとらえ、そのうえにたって戦略的な観点からの理論的根拠に裏づけされた実践的方策も必要とされている。

　現在のこれらの議論の核となる部分の多くは、地域が主体となって観光を発展させることや、地域が全体として観光資源を守りながら観光を手段として発展することの重要性を説くものである。それが現在の日本における疲弊した地域の問題や、時流に取り残されてしまった観光地の再生といった、日本が抱える問題点の解決にも合致する、あるいは、その解決方法の一つと考えられているからである。

　また、先ほども述べたように観光の問題は観光の目的対象となる観光資源が中心となる。しかし、その観光資源が中心にあるがために、観光現象は観光資源の有無やその集客力によって決まるというように、観光資源に対して依存的・受け身的に理解されやすいのであるが、現代の観光に関連する企業・組織は激しい環境のなかで生き抜かなければならないことから、より主体的な戦略的思考が必要とされている。

　戦略的思考とは、環境の変化やそれへの適応を前提として、獲得するべき目標を冷静に分析し、それに向かう適切な活動を確定することである。つまり戦略とは、現実に行われる活動あるいは活動計画に先行して行われるもので、経営体が成功するのか失敗するのかに多大な影響を与えるものと考えられる。それゆえ、観光に関連する企業・組織は短期的な視点だけでなく、長期的視点にもたった戦略策定が求められる。

2．観光事業の運営の特徴

　観光に関連する企業・組織の運営は、その大部分は一般的な企業・組織と相違ないのであるが、その提供する商品に大きな特徴がある。それ

は、商品それ自体にサービスが含まれていることが多いため、このサービスの特性を考慮に入れた運営を行う必要があるということである。サービスの特性にはさまざまなものがあるが、ここでは観光事業の運営を考えるに際して重要と考えられるいくつかのものを説明する。

　サービスは、たとえばバスガイドによる観光施設の説明のように、人間の行為によって作り出されるものの場合もあるし、飛行機に乗って大阪から東京へ行くというように、物を使用することで作り出される場合もある。つまり、サービスとは無形のものであり、具体的なかたちがないことが特徴と考えられる。

　サービスは無形のものであるので、消費者は購入前にその品質を確認することが難しい。われわれは、有形の物を購入する場合、お金を支払う前にその商品を手に取り、品質を確認してから購入することが可能であるが、サービスの場合はそれをすることができない。それゆえ、旅行代理店がカラフルな写真を採り入れたパンフレットを作成するといったことのように、本来は無形である商品を有形に変えて提示することを用いて、購入前にその商品をいかにイメージしてもらうかが重要となる。

　第二にサービスは、人間の行為によって作り出されるわけであるので、サービス提供者と分けて考えることができない。また、サービス提供者側がサービスを提供する際に、サービスを受ける側はそれを同時に消費していることになるので、サービス消費者とも分けて考えることができない。つまり、サービスは、サービス提供者とサービス消費者が直接接触し、作り出されると同時に消費されるという生産即消費のかたちをとる。

　このためサービスは、サービス提供者である従業員がどのような行動・言動を行うのかによってその品質が決まることになる。しかしそれは多様な意識をもった人間が作り出すものであるので、その品質を標準化することが難しいだけでなく、サービスを提供する場には多様な消費者が存在し、その消費者と直接接触する状況での判断が求められることから、従業員をいかに教育・訓練するかが重要な課題となる。

　また、観光現象においては複数の消費者が同時に同じ場所に存在することが多いという点も重要である。たとえば、テーマパークのように、ある消費者の周囲に他の消費者が存在し、その人たちが楽しげに行動す

ることで自身の満足感がさらに高まるといったプラスの効果が得られる場合もあるし、周りの消費者が自身にとって不快な行動をとることによって満足感が低くなるといったマイナスの効果が出る場合もある。

　つまり、サービス消費者にどのような満足感を提供するのか、ということだけでなく、それぞれのサービス消費者たちにどのような行動をとってもらうのか、ということも重要となる。当然ながら消費者の行動は人間の行動であるので、完全にコントロールすることはできないと考えられるが、消費者がどのような行動をとるのかということが他の消費者の満足感に影響を与えるのであるから、考慮に入れる必要がある。

　先述したとおり、サービスは、生産すると同時に消費がなされるものと説明したが、これは簡単にいうと、作り置き・在庫として保有するということができない、ということを意味する。これがサービスの第三の特徴である。有形の商品の場合は、ある日に売れ残ったとしても、それを保存しておき、また別の日に同じ商品を売ることが可能であるが、サービスの場合はそれができない。ある特定の日のガイドツアーとその次の日のガイドツアーはどちらも販売することができるのであるから別の商品と考えられる。このように考えると、「売れ残る」ということは、もうその商品では利益を獲得することができないということを意味することになる。

　このことによって経営側は、その当該日に売り切ってしまう、あるいは当該日にできるだけ多く売ることに焦点をあてることが重要となり、つまり稼働率・搭乗率・利用率などを高めることが重要となる。たとえばホテルなどのように、需要予測を行って日によって価格を変動させ稼働率を高めようとしたり、日中の時間帯の部屋を宿泊以外の利用方法で販売することによって 1 部屋あたりの利用率を高めたりすることなどが行われる。しかしこのことは、売れなければ商品それ自体がなくなることを意味するので、経営側にとっては商品が消えてなくなってしまうのであれば安くても売りたいと考えることにつながり、非常に激しい価格競争が起こる原因ともなる。

3．観光地運営の特徴

　次に、全体としての観光地運営の特徴について検討してみる。当然ながら、全体としての観光地運営に関しても、長期的な戦略に基づいて運営がなされるべきだと考えられるのだが、そうした際には観光地の発展事情を理解しておく必要がある。観光地の発展に関しては、リチャード・W・バトラー（Richard W. Butler, 1943-）の提唱した「観光地ライフサイクル論」というものがある。この考え方では、観光地は、観光地としての開拓期→登場期→発展期→成熟期→停滞期の順をたどり、そのあとに衰退期あるいは回生期もしくはその中間的形態のものを迎えるとされている。

　つまり、観光地というものは、観光地として開拓されてから順調に認知されていけば、ある程度隆盛を極めるところまでたどり着くのであるが、その状態が未来永劫続くとは考えられず、来訪者の欲求・趣向の変化、経年による設備の老朽化、観光地そのものの自然環境や文化の変容といった要素によって観光地そのものの魅力が失われてしまったり、他の観光地と比べて相対的に魅力的ではなくなってしまったりすることが考えられる。要するに、観光地が主体的に観光地全体としての戦略的な活動をしてある一定の改善・改良に向けた活動をすることなしに存在し続ければその観光地は衰退するであろうし、衰退ではなく回生、すなわちさらなる繁栄や現状維持の方向へと移行する際には、その地域に関係する人々の努力が必要だということを表している。

　ここで重要なことは、観光地が発展するにしたがって当該地域の観光を作り上げることに関係する企業・組織が多くなるという点にある。当然ながら、そこに関係する企業・組織にはさまざまなタイプのものが考えられる。たとえば、そもそも長い間その地域で活動していた組織もあるであろうし、地域外の資本が参入してくることも考えられる。またそれは企業の場合もあるし、NPO などの組織の場合もある。

　そこで問題となるのは、それぞれの企業・組織が固有の目的をもって活動しているということである。つまり、長期的な視点で観光地全体を戦略的に運営するためには、それぞれ異なった目的をもった企業・組織

を観光地全体としての目標に向かって活動させることが必要となる。

　そもそも組織とは、ある一定の目的に向かって複数人が協働するシステムである。それゆえ、達成するべき目的を設定することが必要となり、それを全体に浸透させる必要があり、そうすることで全体としての目的への統合が達成される。全体としての観光地の運営を考える際には、観光地全体をどのようにして統一的な意思にまとめあげ、そのうえで長期的な視点でもって戦略的な活動を考え、それをいかにしてさまざまな企業・組織に浸透させるのかということが大きな課題となると考えられる。

4．観光と経営

　ここまで、観光の運営の特徴を中心に検討してきた。最後に、根本に立ち返って、観光とは誰のために存在するのか、という点について考えてみたい。旅行者にとってはただ単にある一時を楽しむためのものであろうが、観光の事業に直接かかわる人や観光地に住む人たちにとっては、それがどのように展開されるのかによって生活それ自体に変化が出るものである。そうならば、観光に関連する人や組織が主体的に観光それ自体を動かす、ということを念頭におく必要があるだろう。

　そもそも組織は目標志向性をもつ。つまり、目標をもちそれを達成しようとするシステムと考えられる。目標は、経営資源の状況を検討しながら環境の変化に対応するように作り出され、その目標を達成するためには多くの人間の協力が必要となる。それゆえ組織を作り、その組織の目指す方向を全体に浸透させる必要があるし、全体としての活動を統一的に行うためにはそれぞれの活動の調整も行う必要がある。

　観光の運営というものを主体的に考えるということは、これらの活動全体を意識的に行うことを意味する。当然ながら、先ほど述べたような観光の運営の特徴を十分に理解したうえで具体的な活動が決定されるべきであるが、そのプロセスではさまざまな問題が考えられる。では、その問題とはどのようなもので、いかにすれば解決できるのか。このようなことを考え、観光の運営、あるいは観光という現象それ自体をよりよいものとすることが必要とされるだろう。

　そのためには、観光に関連する具体的な現象をただ単に理解するので

はなく、なぜそのような現象が起こるのかということや、企業・組織は本来的にはなにを目指すべきでどのように活動すべきなのか、ということなどを論理的に考えることが必要となる。そうすることで、観光に関連する現象を今よりもさらに深く理解できるようになるであろうし、実際の観光の現場での力となるであろう。

【参考文献】
大橋昭一・渡辺朗（2001）『サービスと観光の経営学』同文舘出版。
トライブ、ジョン（2007）『観光経営戦略——戦略策定から実行まで』大橋昭一・渡辺朗・竹林浩志訳、センゲージラーニング。
ポーター、マイケル（1995）『競争の戦略』土岐坤・服部照夫・中辻万治訳、ダイヤモンド社。
マグレッタ、ジョアン（2012）『マイケル・ポーターの競争戦略』桜井祐子訳、早川書房。
Butler, R. W.（1980）"The Concept of a Tourism Area Life Cycle of Evolution: Implications for Management of Resources," *Canadian Geographer*, Vol. 24, Issue 1, Spring, pp. 5-12.

第5章 旅行産業

廣岡裕一

1．はじめに

　本章では、旅行業に対する法的な定義、日本における旅行契約の内容を概説するとともに、日本の旅行業の構造について論じる。

　旅行業者は、旅行者と旅行サービス提供機関との間で一定の行為をする業である。この行為にいかなる法的評価を与えるかは、旅行契約を論じることとなり、それを業とする旅行業の位置づけを論じることは、旅行業の法的性格を論じることになる。そのため、旅行契約と旅行業の法的性格は、表裏の関係になる。

2．日本の旅行業法制における旅行業の定義

　旅行業を規制する法律は、旅行業法である。旅行業法で旅行業と定義されれば、観光庁長官の登録を受けなければならない（同法第3条）。そして、同法第2条では、「この法律で「旅行業」とは、報酬を得て、次に掲げる行為を行う事業（専ら運送サービスを提供する者のため、旅行者に対する運送サービスの提供について、代理して契約を締結する行為を行うものを除く。）をいう」と定義されている。

　旅行業と定義される具体的な行為内容は、同法第2条第1項各号に規定されている「旅行の目的地及び日程、旅行者が提供を受けることができる運送又は宿泊のサービス（以下「運送等サービス」という。）の内容並びに旅行者が支払うべき対価に関する事項を定めた旅行に関する計画を、旅行者の募集のためにあらかじめ、又は旅行者からの依頼により作成するとともに、当該計画に定める運送等サービスを旅行者に確実に提供するために必要と見込まれる運送等サービスの提供に係る契約を、自

己の計算において、運送等サービスを提供する者との間で締結する行為」（第1号）、「旅行者のため、運送等のサービスの提供を受けることについて、代理して契約を締結し、媒介をし、又は取次ぎをする行為」（第3号）、「運送等のサービスを提供する者のため、旅行者に対するこれらのサービスの提供について、代理して契約を締結し、又は媒介をする行為」（第4号）、「他人の経営する運送機関又は宿泊施設を利用して、旅行者に対して運送等のサービスを提供する行為」（第5号）であり、これらは、基本的旅行業務とよばれている。

　すなわち、旅行業と定義されるには、運送機関または宿泊機関と旅行者との間で、一定の行為を行うことが条件になる。したがって、直接旅行者と取引を行わないランドオペレーターや運送・宿泊機関がみずからの予約を受けつける場合は、旅行業とならない。また、消費者保護法である旅行業法は、旅行者と直接かかわらない者を規制の対象外においている。

　一方、旅行業者と旅行者との間で、報酬を得て旅行業者のため旅行業者の行為を代理して旅行者と契約を締結する行為を行う事業もある。この行為を行う者は、旅行者と直接かかわるため、規制の対象となる。これは、旅行業者代理業とよばれる（同法第2条第2項）。

3．標準旅行業約款における旅行契約

　日本において旅行契約は、ほとんど標準旅行業約款に基づいて行われる。旅行業法では、旅行業者は、旅行業約款を定めなければならないと規定されている（同法第12条の2）が、政府が標準旅行業約款を定めて公示しているので、ほとんどの旅行業者は、通達による指導もあり、標準旅行業約款を用いる。

　なお、旅行業法には、旅行業者に旅行者に対して義務づけられる取引準則とよばれる規定があるが、これらは公法的規制である。また、日本では、私法において旅行契約を規定する条項はなく、事実上、政府が公示した標準旅行業約款が旅行契約の基準となっている。

　標準旅行業約款は、募集型企画旅行契約の部、受注型企画旅行契約の部、手配旅行契約の部、渡航手続代行契約の部、旅行相談契約の部から

なる。このうち、基本的旅行業務を含むものは、募集型または受注型企
画旅行契約か手配旅行契約になる。

　募集型企画旅行契約とは、旅行業者が、あらかじめ、旅行の目的地お
よび日程、提供を受けることができる旅行サービスの内容、旅行代金を
広告等により募集する旅行をいう（標準旅行業約款・募集型企画旅行契約
の部（以下募集型企画約款という）第 2 条）。一方、受注型企画旅行契約と
は、旅行業者が、旅行者からの依頼により、旅行の目的地および日程、
旅行者が提供を受けることができる運送または宿泊のサービスの内容、
旅行代金を定めて実施する旅行をいう（標準旅行業約款・受注型企画旅行
契約の部（以下受注型企画約款という）第 2 条）。

　いずれの企画旅行契約も、旅行サービスの提供を受けることができる
ように、手配し、旅程を管理する契約であるとしている（募集型企画約
款第 3 条、受注型企画約款第 3 条）。

　企画旅行契約では旅行業者は、請負的性格を有する手配債務と委任的
性格を有する旅程管理債務を負う。請負契約とは、仕事の完成を約束す
ることで、旅行業者は、旅行日程に従った手配を完成させる義務を負う。
一方、委任契約は、善良なる管理者の注意をもって事務を処理する義務
で、旅程管理は、募集型企画約款第 23 条および受注型企画約款第 24 条
で、「旅行者の安全かつ円滑な旅行の実施を確保することに努力し」と
表されている。

　募集型企画旅行契約は、旅行者の提出した申込金を受理したときに成
立するとしている（募集型企画約款第 8 条第 1 項）。これは、申込み時に
申込金を提出することが可能なアウトセールスやカウンターセールスと
いう対面販売が想定されている。通常、電話で行われるメディア販売や
オンライン販売では、申込みと同時に申込金を提出することはできない。
そこで、電話等の通信手段による場合は、予約とし、提出された申込金
を受理して契約が成立するとしている（募集型企画約款第 6 条）。なお、
通信手段による申込みを受けて、かつ、クレジットカードで決済する旅
行契約は、通信契約とよばれクレジットカードの会員番号などの通知を
もって契約が成立する（募集型企画約款第 8 条第 2 項）。

　一方、受注型企画旅行契約も旅行者の提出した申込金を受理したとき
に成立すること（受注型企画約款第 8 条第 1 項）が原則であるが、募集型

企画旅行契約と異なり、同じ行程を同時に旅行する複数の旅行者が契約
責任者を定めて申し込んだ団体・グループ契約の場合、申込金の支払い
を受けることなく契約を締結する旨記載した書面を交付することにより
書面の交付により契約が成立する（受注型企画約款第23条）例外も認め
られている。

　手配旅行契約とは、旅行者の委託により、旅行者が旅行サービスの提
供を受けることができるように、手配をする契約をいう（標準旅行業約
款・手配旅行契約の部（以下手配約款という）第2条第1項）。企画旅行が、
旅行業者の作成した旅行の計画の旅行サービスを手配するのに対して、
手配旅行は、旅行者が委託した旅行サービスを手配する。また、企画旅
行契約では、旅行代金の内訳を明示しないが、手配旅行契約では、旅行
サービス提供機関の費用や旅行業務取扱料金の内訳を明示する必要があ
る。

　企画旅行契約も手配旅行契約も旅行業者が手配をする内容の契約であ
るが、企画旅行契約の手配債務は、請負的性格をもつのに対して、手配
旅行契約の手配債務は、委任的性格であるといえる。これは、旅行業者
が作成したものでない手配旅行の計画については、旅行業者はその手配
の完成を約しえないためである。

　手配旅行契約の成立も企画旅行契約と同様、旅行業者の申込金の受理
によって成立する。通信契約の規定も企画旅行契約と同様である（手配
約款第7条）。ただし、書面による特約がある場合（手配約款第8条）、旅
行代金と引き換えに旅行者が乗車券、宿泊券などの交付を受ける場合
（手配約款第9条）、契約責任者を定めた団体・グループ手配において申
込金の受理なく契約を締結する旨を記載した契約書面を旅行業者が交付
した場合（手配約款第20条）には、申込金の受理なく成立する。

　旅行者が、手配旅行契約を解除する場合、運送・宿泊機関などに対し
て支払うべき取消料、違約料などの費用のほか、旅行業者に対して取消
手続料金、旅行業者が得るはずであった取扱料金を支払わなければなら
ない（手配約款第13条）。

　渡航手続代行契約は、渡航手続代行料金を収受して、旅券、査証など
の取得手続、出入国手続書類の作成等を引き受ける契約（標準旅行業約
款・渡航手続代行契約の部第3条）で、旅行相談契約とは、相談料金を収

受して、旅行計画の作成、見積り、情報提供等を行う契約（標準旅行業約款・旅行相談契約の部第 2 条）である。

　いずれも、実際の旅行の手配をともなう契約ではない。

4．日本の旅行業の構造

　現在、日本には、旅行業者が 9143、旅行業者代理業者が 835 ある（日本旅行業協会 2015）。旅行業法では、募集型企画旅行を企画・実施できるかで区分しているが、このうち、海外募集型企画旅行を企画・実施できる第 1 種旅行業者は 696 ある。

　観光庁は、このうち主要旅行業者旅行取扱状況を公表しているが、2014 年度 50 業者の合計取扱額は約 6 兆 4195 億円、このうち最大手の JTB グループ 14 社の取扱額は約 1 兆 5092 億円、また、海外旅行の合計取扱額は約 2 兆 6790 億円、外国人旅行の合計取扱額は約 1125 億円、国内旅行の合計取扱額は約 4 兆 1036 億円であった。

　現在の日本の旅行業を流通チャネルでの位置づけから分類すると、ホールセーラーとリテーラーに大分することができる。ホールセーラーとは、欧米では、ツアーオペレーターとよばれる業種に近く、卸売り会社で自社の企画した商品を、小売会社を通じて販売する。そして、小売会社のことをリテーラーとよぶ。ただ、日本の大手旅行会社は、ホールセーラーとリテーラーの役割をあわせもつことが多いので、総合旅行会社とよばれている。一方、自社の企画した商品を直接旅行者に販売する旅行会社は直販旅行会社とよばれる。

　なお、日本の旅行業者は、運送機関の系列下にある例は多いが、みずから、あるいは、系列下に、運送機関や宿泊機関をもつことは少なく、旅行サービス提供機関に直接的な支配を及ぼすことはほとんどない。

　旅行会社の設立や資本の違いからみると、親会社や企業グループの系列にある旅行会社と独立の旅行会社に分けることができるが、独立の会社は、主要旅行業者旅行取扱状況取扱額上位 10 社のなかでは、エイチ・アイ・エスのみといってよい。なお、JTB は、その前身が政府主導で設立され、国鉄が民営化されるまでは、国鉄が筆頭株主の一つであった。

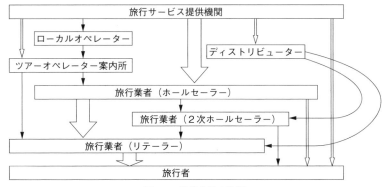

図 5-1　旅行商品の流通

　日本の旅行商品・素材の流通過程を示すとおよそ図 5-1 のようになる。

　このうち、ツアーオペレーターは、日本では旅行業者に代わって海外の地上手配を代行する業種ととらえられている。ツアーオペレーターもさらにローカルオペレーターを使って手配を代行させることもある。案内所は、おもに、中小旅行業者を対象に国内の旅館、バス会社、ドライブインなどを仲介する業種である。

　また、ディストリビューターは、航空座席や宿泊を仕入れて旅行業者に卸す業種である。日本におけるパッケージツアーは、チャーター便を使用することは少なく、多くは定期便を使用する。そのため、仕入力の弱い旅行業者にとっては、ディストリビューターを活用することは有用である。なお、これらの業種は、直接、旅行者と取引をしないので、消費者保護を目的とする旅行業法上の旅行業には定義されない。

　二次ホールセーラーは、みずから旅行を企画・実施するのではなく、他の旅行業者などが作った旅行をみずからの商品名で販売するいわゆるOEM によって作られた旅行商品を販売する。販売網をもちながら仕入力の弱い旅行業者では用いられる。

　旅行業に関係するこれらの事業は独立して経営されるが、大手旅行業者では多くは自社内で賄われていた。しかし、近年、事業ごとに分社化したり、他の事業者を買収し系列下に収めたりする動きがみられる。

5．日本の旅行業の課題

　以上、述べた日本の旅行業の法制度は、日本国内で旅行が造成され、契約されることが前提となっている。旅行業の構造も、海外旅行のみならず、訪日外国人旅行も日本の旅行業者においては、日本の環境を前提としたものである。

　しかし、従来は海外で造成された旅行商品を日本の旅行者が購入することは、障碍が多かったが、インターネットがそれを可能にした。訪日外国人旅行はもちろん、今日のように、取引がグローバル化されるなかで、日本国内のみに適用される枠組みを前提とし、海外の取引環境を考慮しないのであれば、より旅行者が求める旅行商品を開発し、提供することに困難が生じる場面も多々現れてくる。したがって、日本においては、旅行者が求める旅行商品が作りづらくなった結果、海外に所在する旅行会社によって提供される旅行商品の方が、価値があるようになれば、日本の旅行業が空洞化する展開も考えられる。

Ⅱ

観光の経営について学ぶ

第6章
宿泊産業

竹田明弘

1. 宿泊産業の現況

　観光産業には、さまざまな業種がある。なかでも観光地滞在中に最も多くの時間を過ごすのが宿泊施設であろう。旅の思い出を語るとき、宿泊施設での出来事をあげる観光客も多い。宿泊機能に加えて、ブライダル、会議や学会、催事など各種宴会サービス、また、館内でフレンチ、イタリアン、和食などのレストランを運営しているホテル・旅館もある。このように、宿泊や宴会、レストランサービスを通じて、顧客と多様な点から接点をもつため、観光産業のなかでも最も身近な産業の一つが宿泊産業である。

　宿泊産業は、数年前まで低迷する国内観光需要の影響を受けて、厳しい経営状況におかれていた。それにもかかわらず、比較的安いコストで新規参入が可能なため、新規ホテルの建設が相次いでいた。当時は、価格競争、サービス競争やおもてなし競争など、宿泊施設を取り巻く経営環境は激化の一途であった。しかし、近年は訪日外国人客数の爆発的増加の影響を受け、宿泊産業はきわめて堅調な状況に変化した。観光庁「宿泊旅行統計調査」によると、2011年から2015年のわずか5年間で宿泊施設の稼働率は約9％も上昇した。とりわけ、東京、大阪、名古屋といった三大都市圏の稼働率はきわめて高く、週末となれば予約を取ることすら困難な状況である。

　こうした急増する外国人観光客の宿泊ニーズに対応すべく、新規開業ホテル、とりわけ外資系高級ホテルの新規出店も相次いでいる。2014年に新規開業した代表的なホテルだけでも、ザ・リッツカールトン京都、大阪マリオット都ホテル、アンダーズ東京、アマン東京など数多くある。宿泊市場の盛況を受けて、2015年以降にも、さまざまなホテルの新規出

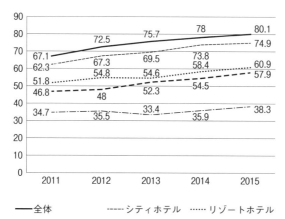

図 6-1　宿泊施設別稼働率

出所）観光庁　宿泊旅行統計調査より著者作成。
（http://www.mlit.go.jp/kankocho/siryou/toukei/shukuhakutoukei.
html　2016.1.10update）

表 6-1　ホテル・旅館総数

	ホテル		旅館	
	施設数	客室総数	施設数	客室総数
2010	9710	803248	46906	764316
2011	9863	814355	46196	761448
2012	9796	814984	44744	740977
2013	9809	827211	43363	735271
2014	9879	834588	41899	710019

出所）厚生労働省　衛生行政報告例より著者作成。
（http://www.mhlw.go.jp/toukei/list/36-19.html　2016.1.10update）

店、改装出店が予定されている。

　近年では、ホテルは施設数ベースでも、客室総数ベースでも増加傾向である。その一方で、わが国の伝統的形態である旅館の経営が苦境に立たされていることも忘れてはいけない。表 6-1 をみる限り、旅館は施設数ベースでも客室ベースでも一貫して減少し続けていることがわかる。ただし、旅館の稼働率も 2013 年を底にこの 2 年間はやや上昇傾向にある（図 6-1）。これには、外国人観光客による温泉観光や地域観光が急増したことの影響も大きい。近年では、外国人のなかにはあえて旅館を希

望する観光客もいる。今後は、伝統的な旅館経営においても、増加する外国人にいかに対応するかが重要な視点となるだろう。

2. 宿泊産業の形態

　宿泊産業にもさまざまな形態がある。前節では、ホテル、旅館という言葉を用いたが、わが国の旅館業法によると、旅館業とはホテル、旅館、簡易宿所、下宿をさす。そして、旅館業法第2条2によると、「ホテル営業」とは洋式の構造および設備を主とする施設を設け、宿泊料を受けて、人を宿泊させる営業で、簡易宿所営業および下宿営業以外のものをいう。同じく第2条3で「旅館営業」とは、和式の構造および設備を主とする施設を設け、宿泊料を受けて、人を宿泊させる営業で、簡易宿所営業および下宿営業以外のものをいう。おおよそ洋室を中心として運営されているのがホテル、和室を中心としているのが旅館と考えてよいだろう。また、わが国ではホテルは比較的大規模な施設であることが多く、対照的に旅館は小規模な施設であることが多い。前節のホテル・旅館総数をみても、2014年のホテルの1施設あたりの平均客室数は84.5室に対して、旅館は16.9室となっている。

　わが国特有の表現の仕方として、シティホテル、ビジネスホテルというよび方がある。シティホテルは都市にある大規模なホテル、ビジネスホテルは小規模なホテルということがイメージとして浮かぶが、あくまで顧客的な表現にすぎず、それぞれの分類基準は不明確である。一般的に、ホテルは提供するサービス内容で大きく二つのタイプに分類することができる。第一に提供しているサービスが基本的に宿泊のみであるホテル、第二にそれに加えて宴会サービス、レストランなど複合的にサービスを展開するホテルである。前者は宿泊特化型ホテル、後者は多機能型ホテルとよばれる。おおよそ、前者がビジネスホテルと表現されるホテル、後者がシティホテルと表現されるホテルと考えることもできよう。

　また、ホテルは都市ホテル、リゾートホテル、エアポートホテル、ターミナルホテルなど、ホテルが位置する場所による分類もある。くわえて、高級価格帯から順にラグジュアリー、アップスケール、ミッドプライス、エコノミー、バジェットなど価格帯クラスによる分類もある。こ

のようにホテルには多様な形態がある。

　宿泊施設、とりわけホテルの経営形態が複雑であることもわが国の特徴である。宿泊施設を運営するためには土地・建物など不動産、経営責任（利益や損失の責任は誰が負うか）、運営・オペレート（会社運営のノウハウ、スタッフの採用など）、ブランド・ロイヤリティの四つが必要である。これらは会社を経営するためには必要な機能であり、一般的にはすべての機能が1社によって担われる。しかし、ホテルを代表とする宿泊施設の場合、これらの機能を誰が担うかで複数の経営形態がある。以下に代表的な四つの経営形態を示す。

　　1．直営方式（すべての経営機能が1社で担われている）
　　2．管理運営受委託方式（土地や財産をもつオーナーが宿泊施設経営をはじめるが、運営のノウハウに乏しいため、それを専門のホテル運営会社に委託する。運営委託を受けた運営会社はオーナー会社から契約に応じた対価を受け取る）
　　3．フランチャイズ方式（不動産や運営ノウハウを保有する会社が、契約に基づいたブランド使用料をホテルブランド会社に支払い、ブランドホテル・旅館として立ち上げる）
　　4．賃借（会社が宿泊施設経営をするために、不動産を所有するオーナー会社に不動産貸借の対価を支払う）

　たとえば、同じ電鉄系のホテルブランドであっても、あるホテルはその電鉄会社が運営しているが、違う場所にある同じ電鉄系のブランドホテルは、ブランドのみ使用であり、オーナー会社も、ホテル運営会社もその電鉄とはまったく異なる会社が運営している場合もある。

3．宿泊施設経営の課題

　宿泊施設経営において最も本質的な課題は、①新規顧客の獲得、②顧客満足とリピーター、③客室管理であることはいうまでもない。第一に、新規顧客の獲得については、広報・広告、サービス内容の決定と提示など一連のマーケティング活動が重要である。今日的な課題として、自社

Ⅱ

観光の経営について学ぶ

ホームページ、ブログ、口コミサイトなど電子媒体の管理があげられる。スマートフォンの普及により、顧客は、これまで以上に容易に、電子媒体からの情報を獲得することが可能になったためである。

　また、わが国では、宿泊と輸送、その他サービスを組み合わせたパックツアーで観光を楽しむ人も多い。くわえて、東京ブックマークのごとく、輸送と宿泊のみをセットで販売するという商品も増えている。それら旅行商品に、どの宿泊施設を組み込むかというイニシアティブを旅行会社がもつことが多いため、旅行会社との関係も重要である。

　第二に、リピーターの確保である。宿泊サービスは、そこでのサービスを経験してはじめて、サービスの価値の認知的な評価が可能になるという経験財である。それゆえ、そこでのサービス経験が満足いくものであったかどうかが、再購買に与える影響はきわめて大きい。このような顧客満足から再購買、企業の収益性にいたるモデルについては、1990 年代にサービスプロフィットチェーンとして広く議論されてきた（たとえば Heskett and Schlesinger 1991 など）。もちろん、満足→再購買という単純な図式ではなく、そこには選択できる代替サービスの量、ブランド、スイッチングコストなどそれ以外の要因も関連するが、顧客満足が最も重要なキーワードであることはいうまでもない。宿泊サービスにおいて、顧客満足に影響を与える要因として、松尾睦ほかはパラシュラマン、ベリー、ザイタマル（Parasuraman, A., L. L. Berry, and V. Zeithaml）が開発した SERVQUAL の次元を再検討し、確実性（顧客からの信頼と信用を高める従業員の知識や能力）、探索的有形性（表面的な特徴を知覚するスタッフの外見、施設・設備の印象など）、反応性（迅速なサービスを顧客に提供する意向）、経験的有形性（顧客が直接体験する施設・設備など）、共感性（顧客に対する気遣いや個人的な注意）、信頼性（約束されたサービスを正確に遂行する能力）の六つの項目をあげている（松尾ほか 2001）。これら 6 項目を念頭におきつつ、顧客満足をいかに高め、リピーターにつなげるかが宿泊施設経営については重要である。

　第三に客室管理である。宿泊産業にとって客室の稼働率をいかに上げるかは重要な指標である。しかし、稼働率を上げるだけであれば低価格で販売することで可能である。稼働率だけでなく、ADR（Average Daily Rate：1 日 1 室あたりの平均客室単価、全客室の売上÷利用された客室数）、

およびRevPAR（Revenue per Available Room：1日1室あたりの客室売上高、全客室の売上÷総客室数）を念頭においた客室管理が重要である。

ADRは販売した客室の平均客室単価を意味するが、これが高いということは、その宿泊施設のブランド価値が高いことを意味する。客室単価の高さは、宿泊客が、その宿泊施設にそれだけの価値を見出しているという証拠である。宿泊施設が中長期的に高い業績を達成していくために、ブランド価値をあげることは必要不可欠である。

一方、RevPARは、空室も含めた1日の総客室平均単価である。RevPARがもつ意味について深く理解するために、簡単な例をあげる。RevPARが同じ1万円で、かつ総客室数が同じである異なる二つの宿泊施設があったとする。そのうえでAホテルの稼働率は90％、Bホテルの稼働率が70％であったとしよう。単純に考えると稼働率が高いAホテルの経営がBホテルに比べてうまくいっているように思える。しかし、Aホテルは、客室の回転が高く、客室・施設・備品などの痛みがBホテルより早くなる。売り上げが同様であるならば、客室・施設・備品の修繕や交換を念頭におくと、Aホテルのほうが高コスト体質になりやすく、Bホテルと比較して業績が悪化する可能性がある。さらに重要なことは顧客対応である。Aホテルの稼働率が高いことを考えると、Bホテルと比較して1人の顧客に対してきめ細かい対応ができない可能性がある。それゆえ、顧客満足も低くなる可能性がある。こうしてADR、RevPARを考えると、稼働率も重要であるが、客室単価を管理することの重要性がわかる。

とはいえ、客室単価への影響を最小限におさめつつ、稼働率をあげることも重要である。宿泊産業は、宿泊ニーズが曜日、季節、イベントなどで大きく変動する。宿泊ニーズが高い繁忙期（週末、年末年始といった長期休暇期間など）と、閑散期では稼働率に大きな差がでる。そこで、繁忙期と閑散期で柔軟に価格を変動させつつ、閑散期の稼働率をあげることも重要である。そのために、需要データ分析を行い、可能な限り正確な短中期の需要予測をたて、それに応じて柔軟に予測販売価格を設定することが必要である。

以上、宿泊産業の現況、経営形態、経営における課題について簡単にふれた。観光立国を目指す日本において宿泊産業は重要な産業の一つで

ある。今後は、わが国でも宿泊産業の経営についてもっと議論され、研究されていく必要性があろう。

【参考文献】

松尾睦・奥瀬喜之・プラート、カロラス（2001）「サービス・クオリティ次元に関する実証研究」『流通研究』4巻1号、29-38頁。

Schlesinger, L. A. and Heskett, J. L. (1991) "Breaking the Cycle of Failure in Services," *Sloan Management Review*, Vol. 32, No. 3, pp. 17-28.

第7章
観光人材

竹林 明

観光の経営について学ぶ

1. 観光人材研究の課題

　観光人材（Human Resources for Tourism）は多くの場合、観光活動を提供する企業や事業にかかわる人材を指してきた。しかし、後述するように今日の観光の課題は単に一組織（経営体）のマネジメントにとどまらない。本章では、これまでの観光人材についての課題や研究テーマを提示するとともに、新たな課題について示す。

　現在、観光における重要な課題の一つは、ある経験やサービス、特産品などを求めて消費者（旅行者）がその行動をどの地域で行うかという地域選択の問題である。地域（Place）にはデスティネーション（Destination/旅行目的地）として消費者から選択されるために必要な魅力を創出する人的資源が必要である。観光人材のタスクは、個々の観光事業に加えて、国・自治体をはじめ多様な地域を訪問価値のあるデスティネーションにし、さらに良質なリピーターを獲得し、成熟した観光地（Tourist/Tourism Destination）へと展開していくことである。

　彼（彼女）らには地域を選択してもらえる本質的価値を考え、その地域で観光してもらえるような「地域の必然的魅力を醸成しオペレーション」するスキルが求められる。こうしたスキルには「地域理念の浸透・確立」、「地域コンセプトの形成」、「地域戦略策定からそれらに基づいたオペレーション（第一線業務）」までが含まれる。同時にこうした人材の雇用、育成、処遇、評価といった人的資源管理（Human Resource Management/HRM）が必要である。

　観光を日本の主力産業へと推進する、あるいは地域形成・活性化の軸としていくには、製造業を対象に研究が進められていたように、観光（地）にかかわる HRM 理論を構築していく必要がある。しかし、観光に

49

関する既存の多くの報告書やテキストでは、「観光人材」の重要性が強く指摘されているものの HRM に割かれた頁数は戦略論やマーケティング論などに比べると少ない。日本の観光関連の学術団体における主な研究・報告は政策決定や観光地まちづくりの事例、旅行行動、まちづくりに関する意識調査、マーケティング、観光事業戦略、ホスピタリティ人材などが多い。HRM についても「ホテルの人事制度」、「テーマパークの人材育成」のように個別の産業や企業を対象とした研究や事例分析はあるものの、「観光人材」、「観光人材のマネジメント」という概念を形成するまでには至っていない。

　観光研究の先進国の一つとされる英国では観光人材についてどのように扱われているのか、英国の観光マネジメントのテキストの内容をみると、その多くは観光産業は複合体からなる地域のシステムであるとの立場をとっている。そのなかで、観光人材のテーマに注目すると、航空産業の HRM やリッツカールトンの HRM といったように「個々の産業単位や組織単位で人的資源管理の特性を論じている」ものと、「既存の HRM 論や組織行動論のテーマを基に、観光産業での課題や特徴を指摘している」ものに大別できる。

　前者は観光に関連する主要業種について個々に論じている。たとえば、D・ニクソンは、ホテル、レストラン、パブ・バー・ナイトクラブ、メンバーズクラブ、ユースホステル、遊技場、旅行代理店、旅行保険会社、航空産業、鉄道、地方鉄道など 25 業種を挙げそれらの HRM について解説しているが（Nickson 2007）、基本的にサービス・マジメント論、サービス人材論の延長である。後者では、D・リー・ロスと J・プライスが、「人事労務から人的資源へ」「教育訓練」「労働生活の質」「ダイバーシティマネジメント」「労使関係」「HRM と倫理」を取り上げており（Lee-Ross and Pryce 2010）、D・ニクソンは、「国際人的資源管理」「組織文化」「労働市場」「採用・選抜」「平等雇用・ダイバーシティ」「教育・訓練」「評価」「報酬戦略」「経営参加」「福利厚生」「苦情処理・職務規律」などを解説している（Nickson 2007）。これらは、一般の HRM 論テキストにおけるテーマを観光産業・企業に適用したものである。

　いずれにせよ、基本的に既存の HRM 理論の枠組み内での課題であり、対象も主にサービス産業である。もちろん、観光人材を議論するとき、

こうしたテーマは重要である。しかし、デスティネーション形成や観光地形成に関する HRM のテーマが少ないことは、観光研究における大きな課題である。

2．観光人材のカテゴリー

　これまで観光人材は「観光事業の人材」を焦点としてきたが、これからはこれらに加えて「デスティネーション人材」マネジメントについての研究が必要である。観光を地域全体での「投入 - 変換 - 産出」としてとらえるシステム論的立場をとると、観光人材は図 7-1 のように示すことができる。（A）～（C）は一次～三次産業である。これらの産業に携わる経営体のうち地域商品産出に携わっている人員が「観光事業人材」である。これは「個々の事業をマネジメントやオペレーションする人材のうち観光と関連を持つ人材」である。

　たとえば、農家を考えた場合、単に農産物を生産出荷するだけであれば農産物マネジメントの人材である。しかし、農家民泊や産直レストラン事業などを行っている場合には、来訪者対応の事業マネジメントを行う必要が生じ、観光人材のカテゴリーに入ってくる。

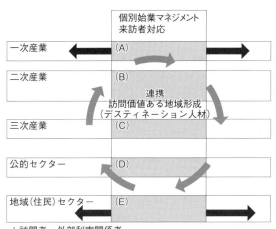

図 7-1　観光産業（事業）と観光人材のイメージ
出所）筆者作成。

観光地としての認識が高まるほど左右の矢印の方へ観光人材の範囲が広がっていく。彼（彼女）らの役割は、各自の事業経営を通じて訪問者に事前期待を超えた満足を与えることであり、当然、自己の事業展開がおもな関心事となる。問題は個々の事業者が異なったベクトルで事業努力を行った場合、デスティネーションとしてのイメージ形成が困難になることである。そこで、図7-1の（A）～（E）を連携させることにより「観光商品としての地域」を作り出す人材が必要となる。こうした人材を「デスティネーション人材」とよぶことにする。彼（彼女）らは「地域の観光資源の活用、観光資源の創出、利害関係者の連携、地域の魅力創出、観光地としての名声を維持・高揚」などという機能を果たす。

　こうした機能を果たす人材には、政策立案者、観光協会や商工会議所などの観光イベント企画立案者、観光客と最も多く直接接点をもつ営利・非営利の個別事業経営者、地域内外連携を図るボランティア、地域の住民などが含まれる。その土地の住民意識や行動は観光地形成に大きな影響を与える。たとえば、地域住民の訪問者受け入れ意識は地域のイメージに影響を与えるため、住民もまたデスティネーション形成に大きく寄与する人材でありそのマネジメントが重要な課題となるのである。しかし、通常、住民は統治や交渉の対象であり、直接的なマネジメント対象ではない。このために住民を観光人材としてマネジメントする仕組みが必要である。

　また、地域外部に人材が存在することにも注意を払っておく必要がある。とくに、地域の評判やイメージを形成するのは地域内部の組織や人だけではないことに留意する必要がある。なかでも、訪問者自身の行動・態度が意識的・無意識的にデスティネーションの品質に影響を与える。訪問者は通常、地域での時間と経験を消費し、自己の欲求や動機を満足させればそれで一連の消費は完結すると認識しているが、そうした一連のプロセスの再体験あるいはさらなる経験を求めると地域にとってリピーターとなり地域の人的資源となる。一過性の訪問者であっても、デスティネーションのイメージ、魅力、評判、ブランドの一翼を担っている点は軽視できない。ただし、訪問者の満足を無差別に満たすとむしろデスティネーションを破壊してしまうという側面もある。訪問者もデスティネーション形成の資源であるという視点からすれば、彼（彼女）

らは観光人材であり、その成熟度などをマネジメントする必要が生じる。

3．デスティネーション人材の役割

　デスティネーション人材がもつ基本的機能はトップマネジメントであるかフロントライン（現場）であるかといったその人材のポジションによって異なる。トップマネジメントやミドルマネジメントの行動は地域全体の戦略、マーケティング、現場の職務、人材の処遇などに大きな影響を及ぼす。彼（彼女）らが、事業単位の個別商品マネジメントに熱心なあまり、デスティネーション全体のマネジメントに注意を払っていないことがある。名産品・特産品の新規創出、特産物などの普及活動、イベント創出などに多大な時間とコストは費やすが、地域全体の理念やコンセプトの形成、マネジメントやマーケティングを基盤とした活動が不十分なことがある。デスティネーション・マネジメント／マーケティングは単に特定の市場セグメントの商品を生成するだけでなく、地域がデスティネーションや観光地として持続可能となるように、地域資源、居住者の生活の質、旅行者の品質をマネジメントするスキルが要求される。

　さらに、利害関係者との関係、システムとしてのデスティネーション形成、新しいブランディング・アプローチの開発、正確なポジショニング、異なるステークホルダーに関してその役割・能力・責任などを理解する能力も求められる。環境分析をとおして、効果的かつ戦略的なビジョンと方針の策定能力およびその戦術的、業務的な方法、ツールについての理解もまた必要である。トップやミドルのデスティネーション人材のに必要とされるスキルや役割は M・K・ルッツイアにしたがうと表7-1 および表 7-2 のように整理される（Rezzier 2010）。

　ロワーマネジメントとフロントラインは直接的にその地域のイメージ形成に強い影響力をもっている。彼（彼女）の態度は来訪者に対し地域での第一印象を与えることとなる。彼（彼女）らは地域イメージに大きな影響を与えるサービス・エンカウンターである。事業に携わる人材だけでなく多くの住民が含まれる。彼（彼女）らの課題は、地域としての品質の標準を保証しながら個々の顧客がもつ多様なニーズにどこまで応えられるかである。エラーや品質のばらつきの回避を志向すると、事細

表 7-1　観光地マネジメントスキル

競争力にかかわるスキル	持続性にかかわるスキル
• ビジネス/経済マネジメントスキル • ファイナンシャルマネジメント • オペレーションマネジメント • 人的資源管理 • 組織マネジメント • 戦略策定 • プロジェクトマネジメント • 開発マネジメント	• 環境マネジメント • 廃棄物マネジメント • 水質マネジメント • 大気マネジメント • 生物保護マネジメント • 観光客マネジメント • 住空間マネジメント • コミュニティマネジメント

出所）Ruzzier. M. K.（2010）p. 70.

表 7-2　観光地マーケテターとしての役割

伝統的役割	現代の役割
• プロモーションスキル • 観光地としての競争優位性を獲得する	• 観光地の利害関係者と観光客間のインターフェース機能。利害関係者、新規観光客、リピーター、洗練された観光客のそれぞれの希望を反映する。 • 観光地モニタリング/観光地リサーチ

出所）Ruzzier. M. K.（2010）p. 70.

かにあらかじめ手順を決めておく「公式化」の高い職務設計となり、それに基づいたマネジメント・スタイルとなる。過度の公式化は単純・反復的職務を編成することとなり、テイラー・システムに対して生じた批判と同じような現象が生じる。

　顧客のニーズやウォンツに臨機応変に対応することを強く意識した場合は、フロントラインに権限移譲を行い、顧客満足を考えながら働くことになる。このとき、彼（彼女）らには強い「感情労働」が求められる。来訪者の感情を斟酌し、配慮、同調しながらの職務遂行が求められる。同時にそれは担当者のストレスとなる。こうした要求とストレスに対していかなるマネジメント・スタイルを設計すべきかということが問題となる。同時に、担当者による品質のばらつきをいかに回避するかが課題となる。品質の標準化、顧客ニーズへの高度な対応という二律背反的な課題に対応した HRM が必要である。

【参考文献】

カールソン、ヤン（1990）『真実の瞬間――SAS（スカンジナビア航空）のサービス戦略はなぜ成功したか』堤猶二訳、ダイヤモンド社。

竹田明弘・佐々木壮太郎・竹林明（2011）「住民による訪問者受け入れ意識の影響要因――地域ブランドの視点から」『観光学』5 号、19-26 頁。

竹林明（2009）「観光人材論構築のための基礎的考察――マネジメントの視点から」和歌山大学経済学会『経済理論』351 号、113-134 頁。

ホックシールド、A. R.（1983）『管理される心――感情が商品になるとき』石川准・室伏亜希訳、世界思想社。

Baum, T.（2006）*Human Resource Management for Tourism, Hospitality and Leisure*, Thomson Learning.

Boella, M. and Steven, G.（2005）*Human Resource Management in the Hospitality Industry*, Elsevier.

Lee-Ross, D. and Pryce, J.（2010）*HUMAN RESOUCES AND TOURISM Skills, Culture and Industry*, CHANNEL VIEW PUB.

Mahesh, V. S.（1988）"Effective Human Resource Management: Key to Excellent in Service Organizations," *Vikalpa*, Vol. 13, No. 4, pp. 9-15.

Nickson, D.（2007）*Human Resource Management for the Hospitality and Tourism Industries*, Butterworth-Heineman.

Ruzzier. M. K.（2010）*Destination Branding Theory and Research*, LAMBERT.

Ⅱ

観光の経営について学ぶ

第8章 観光統計

大井達雄

1. 過熱するインバウンド観光市場

　2015年の訪日外客者数は、日本政府観光局（JNTO）によれば1973万7千人を記録し、過去最高となった。2014年の1341万3千人から632万4千人も増加し、伸び率でも47.1%と過去最高となっている。同時に訪日外客数が出国日本人数を上回り、これは1970年以来の45年ぶりの出来事である。このように日本のインバウンド観光市場は急速に拡大していることがわかる。外国人旅行者が急激に増えた理由として、円安、ビザ要件の緩和、アジア地域における新興国の成長などが挙げられる。政府はさらに外国人旅行者を増やすために2020年までの訪日外国人旅行者数4000万人計画を発表した。本章では急成長する観光市場の特徴をデータを通じて明らかにすることを目的とし、最後に、その他の観光統計と観光サテライト勘定について説明する。

　図8-1は2003年以降の訪日外客数の推移をグラフ化したものである。ビジット・ジャパン・キャンペーンの効果もあり、その後順調に増加したものの、リーマンショックを発端とした世界金融危機の影響により一時的に減少する。その後、東日本大震災を経て、2012年からは高い伸び率を記録し、現在に至る。2003年（521万2千人）と2015年（1973万7千人）を比較した場合、4倍近くに増加している。訪日外客数を国籍別にみた場合、2015年において中国（499万4千人）、韓国（400万2千人）、台湾（367万7千人）、香港（152万4千人）、そして米国（103万3千人）の順に並べることができる。これらの国は五大市場とよばれ、2015年において全体の8割近くを占めている。年によって五大市場の順位は変動するものの、これ以外の国が上位にくることは基本的にはない。一方で2003年の五大市場は、韓国が145万9千人、台湾が78万5千人、米国

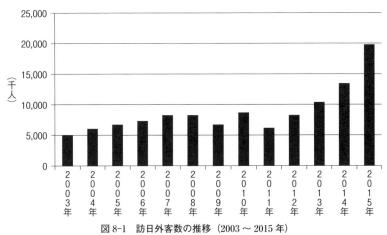

図 8-1　訪日外客数の推移（2003 ～ 2015 年）

出所）日本政府観光局（JNTO）の HP。

が 65 万 6 千人、中国が 44 万 9 千人、そして香港が 26 万人をそれぞれ記録し、それらの合計は全体の 7 割弱であった。つまりこの 10 数年において、五大市場への依存が高まっていることがわかる。

　その最大の要因は、やはり中国人観光客の増加である。中国人観光客は 2003 年の 44 万 9 千人から 2015 年の 499 万 4 千人へと 11 倍を超える規模で増加している。これは国籍別の増加率でみた場合の第 1 位となる。しかしながら、中国人観光客がこの期間につねに右肩上がりで上昇したわけではない。図 8-2 では中国、韓国、台湾の訪日外客数の推移を示している。この推移からもわかるように、中国人観光客が急増したのは 2013 年以降である。2013 年の 131 万 4 千人から 2015 年の 499 万 4 千人へと 4 倍近くになっている。2013 年までの訪日外客数の第 1 位は韓国であったが、2014 年に台湾が、2015 年は中国がその座についている。このように訪日外客数のデータは、その年々の社会、経済、政治や自然環境によって大きく変動する。中国人観光客がこのようなペースで引き続き増加するかどうかは不明である。

　そのため日本が観光立国になるためには、アジア地域だけでなく、世界中の観光客を集める必要がある。その場合、北米や欧州地域が有望な市場となる。五大市場の一つである米国は 2003 年の 65 万 6 千人から 2015 年の 103 万 3 千人へと 1.5 倍を超える水準で増加している。しかし

Ⅱ

観光の経営について学ぶ

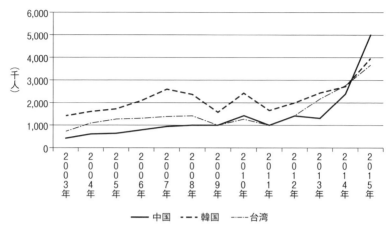

図 8-2　中国・韓国・台湾の訪日外客数の推移（2003 〜 2015 年）

出所）日本政府観光局（JNTO）の HP。

ながら、この伸び率は国籍が公表されている 19 カ国中、18 番目に位置
する。さらに欧州地域の国々も訪日外客数は増加しているものの、伸び
率の順位では英国 19 位、ドイツ 17 位、フランス 12 位、イタリア 10 位、
スペイン 8 位と低い順位が目立つ。

　地理的な条件により北米や欧州地域の比重が小さくなるとはいえ、現
在の日本の観光市場のブームはアジア地域の外国人旅行者に依存してい
る。上記でも述べたように、再び世界同時不況や大規模なテロなどの外
的要因が発生した場合には観光市場は大打撃を受け、外国人旅行者は大
幅に減少する。そのような事態に遭遇した場合にも対応できるリスクマ
ネジメントの確立が政府や観光産業に求められている。

２．拡大する爆買い

　訪日外国人旅行者の増加にともなって、社会現象となっているのが爆
買いである。爆買いとは来日した中国人などによる猛烈な購買行動を意
味し、家電製品、美容製品、医薬品や食料品などが人気で大量に購入さ
れている。爆買いの背景として円安による割安感や、食品、飲料や化粧
品類などを対象とした消費税免税制度の拡充が指摘されている。また爆
買いについては社会的な関心も高く、マスコミでも連日報道されている。

このような外国人観光客の日本国内での消費行動を把握するために、観光庁は訪日外国人消費動向調査を実施している。訪日外国人消費動向調査は、日本を出国する訪日外国人客（トランジット、乗員、1 年以上の滞在者などを除く）を対象に、回答者の属性（国籍、性別、年齢など）、訪日目的、おもな宿泊地、費目別の消費額などを調査することを目的としている。

　調査結果について一部を紹介すると、2015 年の訪日外国人 1 人あたり旅行支出（全国籍・地域）は 17 万 6167 円で、前年（15 万 1174 円）と比較すると 16.5％増加した。国籍別にみた場合には、最も高額な消費をしているのが中国（28 万 3842 円）であり、その後、オーストラリア（23 万 1349 円）、スペイン（22 万 7288 円）が続く。例外もあるが、欧州諸国の方がアジア地域と比較して 1 人あたり旅行支出は高い傾向にある。一方で国籍が公表されている 20 カ国中、最下位は韓国（7 万 5169 円）であった。1 人あたり旅行支出を費目別でみた場合には、買物代 7 万 3662 円、宿泊料金 4 万 5465 円、飲食費 3 万 2528 円、交通費 1 万 8634 円、娯楽サービス費 5359 円、その他 518 円という内訳になっている。費目別において国籍の違いをみた場合、顕著なのが買物代における中国（16 万 1973 円）、宿泊料金における英国（9 万 7220 円）、飲食費や娯楽サービス費におけるオーストラリア（5 万 2927 円、1 万 4079 円）、交通費におけるスペイン（4 万 5109 円）である。とくに中国人観光客による買物代は、第 2 位のベトナム（7 万 5164 円）の 2 倍超の水準となっている。このことからみても、中国人観光客による爆買いの凄まじさを理解することができる。

　2015 年の訪日外国人旅行消費は総額で 3 兆 4771 億円となり、はじめて 3 兆円を超えることになった。また 2014 年の 2 兆 278 億円と比較した場合、7 割以上増加している。その消費額の大幅な上昇に貢献しているのも中国人観光客である。その金額は 1 兆 4174 億円（28 万 3842 円× 499 万 4 千人）と推計され、2014 年の 5583 億円から 8591 億円増加し、約 2.5 倍となっている。訪日外国人旅行消費額全体は 1 年間で 1 兆 4493 億円増加していることから、そのうちの約 6 割（8591 億円÷ 1 兆 4493 億円）は中国人観光客の消費行動によることがわかる。また中国に限らず、台湾（5207 億円）、韓国（3008 億円）、香港（2627 億円）でも旅行消費は高

い伸び率を示し、アジア地域の経済成長の高さを裏づけることができる。訪日外国人旅行消費額全体の内訳でみた場合、2015 年は買物代 1 兆 4539 億円、宿泊料金 8974 億円、飲食費 6420 億円、交通費 3678 億円、娯楽サービス費 1058 億円、その他 102 億円となっている。ここでも高い増加率を示したのが買物費であり、2014 年の 7146 億円と比較して 2 倍を超える水準となっている。

　訪日外国人に限らず、日本人も含めた旅行消費額が日本経済においてどのくらい貢献しているのかについて観光庁は経済波及効果の推計を行っている。2014 年の旅行消費額（約 22 兆 5 千億円）がもたらす生産波及効果は 46 兆 7 千億円、付加価値誘発効果は 23 兆 7 千億円、雇用誘発効果は 208 万人（波及効果を含めた雇用誘発効果：394 万人）とそれぞれ計測される。その結果、付加価値誘発効果額が名目 GDP に占める割合は 4.9％である。世界観光機関によれば全世界の GDP の 1 割は観光部門が創出していることが指摘され、日本の場合、この比率は世界的にみて低く、まだまだ上昇することが期待されている。ただし、2014 年の観光消費額において訪日外国人が占める割合はわずか 9.8％（2 兆 2 千億円÷22 兆 5 千億円）にすぎない。このことからもわかるように、訪日外国人の消費額を増加させるだけでなく、日本人による国内の観光行動の活性化を図ることも政策上求められている。

3．宿泊施設の不足

　外国人観光客が増加することによって、プラスの面もあれば、マイナスの面も存在する。マイナスの面として宿泊施設の不足が挙げられる。最近では大都市を中心に観光客やビジネスマンから「ホテルの予約が取れない」というクレームが多数あがっている。その対策として、空家や空室などを活用して有料で宿泊を提供するサービス、いわゆる民泊ビジネスが注目され、政府も規制緩和による環境整備に乗り出している。しかしながら、見知らぬ観光客が周辺をうろつくことによって、防犯や騒音面で地域住民との間にトラブルが発生している。以下では、このような宿泊施設の不足の状況を統計データから把握する。

　観光庁は宿泊旅行の実態を把握することを目的に宿泊旅行統計調査を

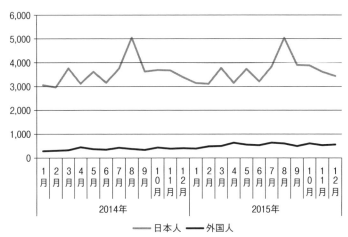

図 8-3　月別の延べ宿泊者数推移の推移（日本人・外国人）
出所）観光庁『宿泊旅行統計調査』。

実施している。宿泊旅行統計調査では宿泊施設に調査票を配布し、各施設は月ごとの宿泊者数を国籍、または居住地などに区分して報告する。また宿泊者数には延べ人数と実人数の 2 種類が存在する。図 8-3 は2014 年 1 月から 2015 年の 12 月までの月別の延べ宿泊者数の推移を表している。このグラフをみた場合、外国人の延べ宿泊者数は日本人と比べて少ないことがわかる。実際、2015 年の延べ宿泊者数では日本人が 4億 3846 万人泊、外国人が 6561 万人泊となり、日本人宿泊者数が全体の約 87.0％を占めている。しかしながら、前年と比較した場合、2015 年は日本人が＋2.3％であるのに対し、外国人は＋46.4％となっている。つまり外国人宿泊者の場合、2015 年は前年と比較しておおむね 5 割増しで推移している。

　外国人宿泊者の増加によって多大な影響を受けているのが東京都である。東京都では 2014 年の延べ宿泊者数は 5425 万 9 千人泊で、その内訳は日本人が 4106 万 4 千人泊、外国人が 1319 万 5 千人泊である。2013 年と比較すると、全体（＋2.7％）や外国人（＋34.2％）は増加しているが、日本人（−4.5％）は減少している。短期間で宿泊施設を新規に供給することはできないため、この結果は外国人宿泊客の増加によって日本人宿泊客が市場から締め出されていることを意味する。数値でみた場合、

2013〜2014 年において、外国人宿泊者は 336 万 4 千人泊増加している一方で、日本人は 193 万人泊減少し、外国人宿泊者数の増加は、全体の数値（＋143 万 5 千人泊）の 2 倍を超えている。2015 年は東京都においても宿泊施設が増加したこともあり、日本人延べ宿泊者数もわずかながら増加している。しかし外国人と比較すると、増加率は低い割合にとどまっている（日本人＋1.1％、外国人＋33.1％）。このような状況から今後も東京都において宿泊施設の確保が困難になることが予想される。すでに大阪府や愛知県などの大都市圏でも同様の傾向がみられ、ビジネスホテルやシティホテルの宿泊稼働率が 80％を超える状態にある。

　宿泊施設の確保が困難なのは、日本人だけでなく、外国人観光客も同様である。上記でも述べたように、外国人向けの民泊ビジネスが増加していることもあり、都市部の宿泊需要は統計数値よりも厳しい状態である可能性がある。また、このようなビジネスが進展すると、宿泊旅行統計調査の対象外の施設が増えることになり、宿泊旅行の実態を把握することが難しくなることが予想される。

4．観光統計と観光サテライト勘定（TSA）

　これまでに、最近の観光市場のトピックとして、インバウンド市場、爆買い、宿泊施設の不足について、統計データを通じてその実態を説明してきた。現在の観光市場のブームは必ずしも安定的なものではなく、今後の政治・経済・社会情勢によっては大きく変動するリスクを有している。そのため、データに基づいた分析がより一層求められている。

　上記で取り上げた観光統計以外に、旅行・観光消費動向調査、共通基準による観光入込客統計や観光地域経済調査が観光市場の実態を把握するうえで役立つ。旅行・観光消費動向調査は日本人を対象に旅行・観光における消費実態（旅行の有無、回数、消費内訳など）を、共通基準による観光入込客統計は観光施設や観光客を対象に都道府県などの入込客の動向（入込客数、消費額など）をそれぞれ調査している。観光地域経済調査は観光関連の事業所、いわゆる観光産業を対象にその実態や地域経済に及ぼす効果などを明らかにすることを目的としている。

　これ以外にも都道府県や民間企業が公表する有用な統計データが存在

する。ただし、これらのデータを使用する場合には調査の内容（目的、対象、定義、項目、時期、方法など）を理解することがもとめられる。似たような調査であってもその内容や結果が大きく異なるためである。

　くわえて、観光市場の分析を行ううえで有益なツールである観光サテライト勘定（Tourism Satellite Account：TSA）が存在する。TSA は国民経済計算のサテライト勘定の一つであり、観光部門の経済的測定を行う主要な統計指標として位置づけられている。産業分類において観光産業という区分は存在しないが、TSA を通じて観光を一つの産業として理解することができ、さらに観光産業による国家経済への貢献の把握だけでなく、国際比較も可能となる。TSA は多くの観光立国で作成され、日本でも 2009 年から作成および公表が行われた。現在、世界観光機関が推奨する全 10 表のうち、第 1 表から第 7 表までが作成され、その内容を観光庁の HP でみることができる。

【参考文献】

観光庁『観光白書』各年版。

観光庁「統計情報」http://www.mlit.go.jp/kankocho/siryou/toukei/index.html（最終閲覧日 2016 年 9 月 20 日）

世界観光機関（UNWTO）「Statistics and Tourism Satellite Account」http://statistics.unwto.org/（最終閲覧日 2016 年 9 月 20 日）

日本政府観光局（JNTO）「統計データ（訪日外国人・出国日本人）」http://www.jnto.go.jp/jpn/reference/tourism_data/visitor_trends/（最終閲覧日 2016 年 9 月 20 日）

Ⅱ　観光の経営について学ぶ

第9章
観光マーケティング

佐野　楓

1．マーケティングとは何か

　「マーケティング」といえば、「販売の仕方」と答える人が多いだろう。しかし、販売とマーケティングには、大きな違いがある。図9-1は販売の考え方とマーケティングの考え方との違いを表したものである。1番目は、工場からスタートし、工場で生産された製品を、さまざまな販売促進の方法によって顧客に売り、販売量を増加して利益を得る考え方である。2番目は、市場からスタートし、顧客のニーズに合わせた製品を開発・生産して、製品、価格、流通、プロモーションなどのさまざまなマーケティング活動を行い、顧客満足を向上させて、利益を得る考え方である。1番目の考え方の特徴は顧客のニーズや好みなどを無視し、生産された製品をどのように販売するかというテクニックを重視することである。一方、2番目の考え方の特徴は、顧客のニーズを満たし、顧客を満足させることを重視するものである。すなわち、1番目が販売の考え方であるのに対し、2番目がマーケティングの考え方なのである。

　観光業界においても、旅行商品を企画する前に、顧客のニーズを調べたり、市場を分析したりすることが必要なことは論をまたない。単に楽

図 9-1　販売の考え方とマーケティングの考え方

出所）Marketing for Hospitality and Tourism, P. 17, 図 3 を参考にし、作成した。

しい旅行商品を作るのではなく、それぞれの顧客に、適切な旅行商品を、最適な方法で提供することが望ましい。つまり、「この旅行商品をどのように販売するか」ではなく、「この旅行商品をどのような顧客のニーズにあわせるか、どのように顧客に満足を与えるか」をつねに考えることが必要である。

2．コンセプト、ターゲット、ポジショニング

　観光マーケティングといわれてもあまりに抽象的で、どこで、何を、どのようにするかということはなかなかイメージしにくい。そのため、抽象的な市場を、より具体的で、分析的に観察することが必要である。すなわち、企業としてのマーケティング活動を行う前に、コンセプト、ターゲット、ポジショニングによって、どのような市場を作り出そうとするかを明確にしなければならない。

　まず、コンセプトとは何を顧客に提供しようとするかということ、すなわち、商品として顧客に提供しようとするものである。ただし、商品のコンセプトを考える際に、顧客が「本当にほしいもの」を知らなければならない。たとえば、「○○に行く旅」より、「名旅館で過ごす至福の時間」の方が、顧客のニーズをより満たすことができるといえよう。「○○に行く」というだけでは、本当の目的ではなく、「○○に行く」ことによってもたらされる「非日常体験——名旅館で過ごす至福の時間」が、顧客の本当に求めているものだと考えられるからである。「○○に行く」ことは、「名旅館で過ごす至福の時間」の一つの手段にすぎない。マーケティングでは、商品のコンセプトを、商品が果たす「機能」、あるいは、顧客がその製品によって解決しようとする「目的」に沿って定義する。よいコンセプトは、表面的なことではなく、顧客の本当に欲しがっている内面にたどり着くことが求められる。

　また、ターゲットとは商品の購買者層である。すなわち、この商品を誰に販売しようとするか、あるいは、この商品を買ってくれる人は誰かということである。適切なターゲットを設定するためには、一つの大きな市場を適切な区分けによって、いくつかの小さい市場に分割する必要がある。いわゆる市場細分化である。たとえば、ツアーに参加する目的

によって、「リゾートウエディング」、「ハネムーン」、「クルーズ」、「スポーツ観戦」、「世界遺産」、「世界の絶景」、「メディカルツーリズム」などの小さい市場（市場セグメント）に分けることができるので、それぞれの市場セグメントにおいて、適切なターゲットを設定することが必要である。たとえば、「ハネムーン」の市場におけるターゲットは「新婚夫婦」であり、「クルーズ」の市場におけるターゲットは「定年退職者」となるだろう。市場を分割する区分はツアーに参加する目的だけではなく、たとえば、国、地域、都市、地元エリアといった地理的な軸、年齢、世代規模、家族のライフサイクル、性別、所得、職業、教育水準、宗教、社会階層などといったデモグラフィックスの軸、ライフスタイル、価値観などといったサイコグラフィックスの軸など、さまざまである。具体的な例として、年齢の軸に基づき、学生をターゲットにした「ガクタビ」（JTB）や家族をターゲットにした「わいわいファミリー」（JTB）といった旅行商品が挙げられる。

　さらに、ポジショニングとは商品、あるいは企業の市場における位置づけで、どのような価値があるかを顧客に伝えるものである。レガシー航空と格安航空のポジショニングを考えてみよう。レガシー航空は顧客におもてなしを提供できる高品質のサービスを重視しているが、格安航空は顧客に低運賃で移動できる交通手段の役割を重視している。選択されたターゲットの市場に対して、その市場ポジションの価値を伝達することが必要であり、レガシー航空は「快適な空の旅」や、「贅沢な時間」などによって市場ポジションを顧客に伝え、格安航空はキャンペーンなどにともなう安価なチケットによって市場ポジションを顧客に伝えている。たとえば、レガシー航空である日本航空は、「空での過ごし方が変わる」「自由につながる空へ」のスローガンを掲げて、米国 gogo 社の衛星接続サービスにより、国内線の無線 LAN 対応を拡大したり、Wi-Fi を利用した機内エンターテインメントを無料にしたりしているし、同じレガシー航空である全日本空輸は、「ANA MY CHOICE」の名のもとに、日本各地のスナックなどを提供したり、快適なラウンジを設置したりすることによって、顧客に付加価値の高いサービスを楽しんでもらう「いつもの旅に「ちょっとプラス＋」できるサービス」というおもてなしをしている。日本航空と全日本空輸は、それらのおもてなしにより、自社

のポジショニングを固めると同時に、市場ポジションの価値を顧客に伝
達しているのである。

3．マーケティングの 4P

　マーケターは、コンセプト、ターゲット、およびポジショニングによ
って、抽象的な市場を具体的で、分析的にとらえたあとに、どのような
方向に企業活動を展開していくかを考えなくてはならない。すなわち、
マーケティングの 4P——製品（Product）、価格（Price）、流通（Place）と
プロモーション（Promotion）に基づいて、さまざまな企業活動を展開し
ていく必要があるのである。

　製品には、有形的な要素（たとえば、パッケージ、色、サイズなど）だけ
ではなく、プランニングや、ブランディングなどのような無形的な要素
も含まれている。製造業の商品企画とサービス業の商品企画の間には大
きな違いがあるため、本章はサービス業における旅行商品のことについ
てのみ紹介したい。

　もしあなたが旅行会社のツアープランナーだとすると、これから、た
とえば「和歌山県への旅」という旅行商品を企画する際に、どのような
要素を考えなければならないだろうか。旅行商品の構成要素はいろいろ
あるものの、交通手段、宿泊施設、観光スポットという 3 点は最も基本
的なものとなる。大阪からの出発とすれば、和歌山県では白浜が最も著
名な観光地なので、白浜に行くことを想定し、大阪 - 白浜の往復チケッ
ト、白浜で一泊するための宿泊施設、並びに白浜で楽しめることの提案
（たとえば、温泉、名所旧跡、テーマパーク、特産品、世界遺産など）を、旅
行商品に入れなければならない。また、旅行商品は他のサービス業の商
品と同様に、無形性によってもたらされる知覚リスク（顧客が商品を購
入する際に感じるリスク）が高いため、単に文章で説明するより、実際の
ホテルや観光地の写真を入れることによって、顧客にこの旅行商品のイ
メージを具体的に伝えることが重要となる。

　価格はいわゆる商品の値段である。価格があまり高すぎると、商品に
対する需要がなくなるが（顧客は買わなくなる）、価格があまり低すぎる
と、商品に対する供給がなくなる（企業は作らなくなる）。適切な価格設

Ⅱ

観光の経営について学ぶ

定によって、企業に十分な利益をもたらすことができる。企業は商品に値段をつける際に、「商品品質」、「市場環境（ライバルとなる他社の数と規模）」、「流通手段（どこで販売するか）」、「生産コスト」などの要素を入念に調べる必要がある。また、旅行商品の場合は、「シーズン」の要素も価格に大きな影響を与える。たとえば、近畿地方では、3月下旬から4月上旬の間は桜のシーズンであり、11月下旬から12月中旬の間は紅葉のシーズンである。また、7月と8月は、日本各地で花火大会や、伝統的な祭りなどが開催される。それらの期間は「シーズン」と称して、旅行代金は高くなる傾向がある。反対に上記以外の「オフシーズン」の間は、おおむね旅行代金は安くなる。観光地では、一年中を通して観光客に来てもらうために、各季節にさまざまなイベントを提案している。和歌山県では、春に「和歌山城のお花見」、夏に「那智のお燈祭」、秋に「みかん狩り」、冬に「白良浜イルミネーション」などを催すことによって、オフシーズンの価格変動を最小限に抑えるよう努めている。

　流通とは生産者（川上）から消費者（川下）に商品を流す道のりのことで、商品の販売には不可欠の過程であるが、観光業界においても、旅行商品を顧客のところにどのように届けていくかを考えなければならない。製造業においては、制度品メーカーの場合（たとえば資生堂）、企業がみずからの販売会社（卸売）をもつため、商品を流す道のり（流通チャネル、あるいは流通経路という）は閉鎖的であるのに対し、一般品メーカーの場合は（たとえばマンダム）、企業がみずからの販売会社をもたず、他の企業と共用の卸売に商品を流していくため、流通チャネルは開放的である。しかし、サービス業界ではホスピタリティ企業および旅行業に特化したチャネルが多々あり、旅行代理店、専門業者、国・地方自治体が運営する観光部門、インターネット利用の仲介業者など大手から零細まで枚挙に暇がない。顧客は川下にいるため、どの仲介業者を選択し、どのような流通チャネルを利用するかを決める際、商品がどのように流れるのかわかりにくい部分が多い。和歌山観光の旅行商品について考えてみよう。きっと皆さんは、どこかの旅行代理店で旅行商品のチラシやパンフレットなどをみたことがあるだろう。こういう旅行商品をJTBや近畿日本ツーリストなどのような大手の旅行代理店を通じて、顧客に届けていくこともできるし、和歌山市観光協会のような地方自治体も、このような

旅行商品を流通させるための一つの手段になりうる。

　プロモーションとは、自社の製品に関する情報を顧客に伝達するコミュニケーションのことである。プロモーション活動の目的は、自社製品の知名度を向上させることだけではなく、顧客の購買意欲を喚起することもある。一般にプロモーションといえば、広告、PR 活動、セールス・プロモーション、人的販売などが挙げられているが、観光業界においては、広告と人的販売がよく使われるプロモーションの方法である。広告は、興味の引出しと注意喚起に適応し、人的販売は、意欲の創造と顧客への説得に適応している。広告をする場合、テレビ、ラジオ、新聞、雑誌、インターネットなどの宣伝媒体があり、それらの宣伝媒体を互いに適切に組み合わせて利用するのをメディア・ミックスという。それでは、和歌山観光の旅行商品をより多くの顧客に知ってもらったり、買ってもらったりするために、どのように宣伝したらよいだろうか。たとえば、和歌山観光の宣伝ムービーを作成したり、旅行の専門誌にそのポイントを掲載したりすることによって、和歌山観光の知名度を上げ、より多くの観光客の来訪を促すことが期待できよう。近年、フェイスブックや、ツイッターなどのソーシャルメディアの発展が観光業界にも革命的ともいえるような顕著な変化を起こしている。伝統的な宣伝手段に比べ、ソーシャルメディアによる宣伝は、より効果的であるとの指摘もある。

　以上、紹介したマーケティングの4P——製品、価格、流通、プロモーションは、企業など事業者がさまざまなマーケティング活動を展開していく指針となる。しかし、この4つの要素は、それぞれ独立しているのではなく、パズルのピースのように、互いにほどよくつながっている。それはいわゆる「マーケティングのミックス」とよばれるものであり、商品を企画する際には、この四つの要素がそれぞれ適切に存在しているだけでなく、全体が一つとして適切に存在しなければならない。

4．観光マーケティングの展望

　インターネットや、ソーシャルメディアの誕生・発展は、観光業界に画期的な変化を与えている。すなわち、旅行商品の価格が比較しやすくなり、また、観光地の情報も入手しやすくなっているため、旅行代理店

などの提供する旅行商品の存在感が薄くなりつつある。旅行代理店に仲介手数料を払うより、むしろ自分でインターネットを通じてチケットや、ホテルを手配し、ブログやフェイスブックなどで旅行経験者の口コミを読んだうえで、旅に出た方がよいと思う人は近年著しく増加している。

　このような時代変化のなかで、旅行商品がどのように生き残るかは、きわめて重要な課題となりつつあり、旅行商品における「付加価値」の向上が強く求められている。観光客個人で企画し手配する旅に比べ、それらの付加価値、たとえば、安心感、快適感、利便性などは、個人の企画旅より格段に高いものでなければならない。また、旅行会社はフェイスブック、ブログ、ツイッターなどで、旅行商品を紹介したり、顧客との双方向コミュニケーションを高めたりすることによって、顧客の旅に出る意欲を引き出し、顧客と一層良いリレーションシップを構築することも重要と思われる。

【参考文献】

石井淳蔵・栗木契・嶋口充輝・余田拓郎（2013）『ゼミナール　マーケティング入門』（第2版）日本経済新聞社。

栗木契・余田拓郎・清水信年編（2006）『売れる仕掛けはこうしてつくる』日本経済新聞社。

コトラー、フィリップ／ボーエン、ジョン／マーキンズ、ジェームス（2003）『コトラーのホスピタリティ＆ツーリズム・マーケティング』白井義男・平林祥邦訳、ピアソン・エデュケーション出版社。

JTB　http://www.jtb.co.jp/（最終閲覧日 2015 年 12 月 26 日）。

日本航空　https://www.jal.co.jp/（最終閲覧日 2015 年 12 月 26 日）。

Kotler, Philip R/Brown, John T/Makens, James（2014）*Marketing for Hospitality and Tourism*（Sixth edition）, Pearson Education Limited.

第10章
観光とブランド

佐々木壮太郎

1．選択行動とブランド

　観光という現象を細かく分割していくと、もっとも基礎的な単位として、旅行者や観光客の選択行動がみえてくる。近年、全世界的な海外旅行者数の増加や、日本に関しても訪日外国人旅行者数の急増が大きな話題となっている。そうした現象も、もとをたどれば、ひとりひとりの人間が旅行や観光に出かけるという選択をした結果なのであって、それらの積み重ねとして存在している。

　人間の選択行動は、その多くの部分がブランドからの影響にさらされている。簡単にまとめてしまえば、ブランドとは商品につけられた名前のことをいうが、観光の目的地、観光施設、宿泊施設、交通機関などの選択においても、それらの名前が大きな役割を果たしているのである。いったいこれはどういうことか。ちょうど逆の場合を考えてみるとわかりやすい。名前の影響を受けない選択とは、すべてのありうる選択肢を目の前に並べ、客観的な総合評価の優劣をもとにして実行される選択である。とはいえ現実には、選択肢の数が増えすぎてしまえば選択そのものが困難になってしまう。また、客観的な総合評価も実際に行っていくとなると案外難しい。

　つまり、その名前を知っているかどうかだけで選択肢の範囲が絞り込まれたり、よく知っている選択肢が優先的に選ばれたりといった具合に、多かれ少なかれ名前からの影響を受けてしまうのだ。よく知っているから、いつもこれを選んでいるから、高品質だから、安心できるから、失敗したくないから、愛着があるから、憧れだから、などなど。普段のわれわれの生活を振り返ってみても、ブランドに影響される選択にはいろいろなパターンがあることがわかる。

さてここまでは商品の買い手側の視点から話を続けてきた。反対側の立場、すなわち商品の売り手側からブランドをみるとどうなるだろう。現代の市場では、多くの売り手が乱立し、激しい競争が繰り広げられている。グローバル化の進展で、競争相手の数も飛躍的に増加した。慢性的な供給過剰の状態である。もちろんこの構図は、工業製品であっても観光関連の商品の場合であっても基本的に変わるところはない。ここでもし、市場にある商品の品質がどれもほぼ同じなのだと認識されたなら、買い手側は商品の価格のみを基準にして選択を行うことになる。こうした商品のことをコモディティとよぶが、コモディティの世界では、経済学の教科書にあるとおり需要と供給のバランスによって商品の価格が決まっていく。したがって、そこで供給過剰が起これば、終わりのない価格競争がはじまってしまう。売り手側は適切な利潤を確保することすら難しくなるだろう。

　売り手側にとって望ましいのは非価格競争である。そのためには、商品の価格以外の要素、すなわち品質で違いを作っていく必要がある。このことを商品の差別化という。商品を差別化しようとする試みは、品質の物理的な優劣から、情緒的な好き嫌いのレベルに至るまで、さまざまな観点から行われている。ブランドとは、売り手側から買い手側へと、商品の差別化を伝えるためのメディアなのである。

2．ブランドとブランド価値

　ここであらためて、ブランドをきちんと定義しておくと次のようになる。「売り手が自らの商品（財またはサービス）を他の売り手の商品と区別し識別するために用いる名前、言葉、デザイン、シンボルなど」（米国マーケティング協会の用語集による）。商品に名前がついていて一定の識別機能を果たしていれば、それはすなわちブランドだということである。けれども、ブランドはすべてが等価値にあるのではなく、すぐれたブランドとそうでないブランドがある。高い価値をもつすぐれたブランドは、単なる名前を超えた名前以上の存在だといってよい。したがって、ある商品のブランド化を目指すといった場合、語感のよい名前をつけたり、見場のよいロゴマークをデザインしたりするだけではまったく不十

分である。その商品の競争優位性を高めるよう、ブランド価値を全体として向上させる取り組みであることが求められてくる。

　それでは、すぐれたブランドとはいったい何なのだろうか。端的に表現してしまえば、それは価格プレミアムをもったブランドのことである。価格プレミアムとは、あるブランドに対して、買い手側が追加で支払ってもよいと考える部分のことをいう。たとえば、ほぼ同等と考えられる商品Ａと商品Ｂがあり、Ａには１万円支払ってもよいが、Ｂには9000円しか支払いたくないという買い手がいたとする。そのとき、Ａは1000円分の価格プレミアムを得ていることになる。価格プレミアムがあるならば、より高い価格で商品を買ってもらうことが可能となる。あるいは同じ価格で販売したとしても、より多くの商品を買ってもらうことができるようになる。観光の目的地であれば、わざわざ高いコストや多くの時間を費やしてでも、あえてそこを訪問したいとなる地域がこれに相当する。こうして手にできた価格プレミアムの総計が、そのブランドがもっている具体的な価値ということになる。

　ブランドに対し買い手が価格プレミアムを支払うのには理由がある。その一つがブランドの品質保証機能である。商品の売り手を識別することはブランドの最初の役割であるが、それは同時に、商品に関する責任の所在を明確にすることでもある。商品に何か問題が生じたときにきちんと対応してくれるかどうかを、またそうした問題が起こる危険性の度合いを、ブランドをとおして感じることができるわけである。商品を選択するにあたって、買い手はさまざまな知覚リスクを認識している。期待した水準の品質を得ることができず、金銭や時間や心理的な側面で負担が発生するかもしれないといった不安である。だとすれば、すでに実績が十分にある知名度の高いブランドを選ぼうとするのもごく自然なことだろう。

　もう一つブランドには象徴機能がある。象徴性の高いブランドにはブランドにまつわるエピソードが蓄積され、それが人々の記憶を織りなしている。過酷な戦場でも壊れずに動き続けたという報道用カメラのブランドは、抜群の信頼性をイメージさせるだろう。ハリウッドのトップスターが愛用しているブランドだと聞けば、優雅や洗練といったことばが頭のなかに広がってくるだろう。もちろん、一般の消費者の毎日の生活

のなかで起こるさまざまなエピソードも、そこに加わってくるはずだ。こうして構成される象徴的な意味合いもまたブランドの価値を支える基礎となる。

　ただし、ブランド化をとおして商品を差別化しようとする試みは、つねにうまくいくわけではない。たとえ売り手側が差別化を図ったつもりであっても、それを買い手側が認めなければ、事実上は差別化しなかったのと同じであり、コモディティと同様に価格のみで判断され選択される世界が待っている。このように差別化の意図はあるものの、現実には差別化できていない状態に陥ることをコモディティ化とよぶ。近年、デジタル化が急激に進んだ電気製品においてコモディティ化はとくに顕著だといわれている。全国各地で乱立するゆるキャラなども似たような状況にあるといえよう。品質保証機能や象徴機能は、コモディティ化を回避し、実効性のあるブランド化を実現するための鍵なのである。

3．顧客ベースのブランドエクイティ

　ブランド価値の本質についてのもっとも有力な理論は、K・L・ケラー（Kevin Lane Keller, 1956-）が提唱した顧客ベースのブランドエクイティである。ブランドエクイティとは、企業が保有する資産としてブランド価値を実際的に評価していこうというアイデアである。そしてその基盤として位置づけられたのが、商品の買い手がもっているブランド知識である。買い手側が認めるからこそブランド価値は現実化することができる。買い手側がブランドをどのように認識しているか、すなわち買い手側のブランド知識の総体こそがブランド価値の実質であると明らかにしたのである。

　ブランド知識は、大きくブランド認知とブランドイメージに分けてみていくことができる。ブランド認知は、そのブランドの知名度の高さをあらわしており、四つの段階に分かれている。最初は非認知の段階、つまり、そのブランドを知らない無知の状態である。次が再認知名の段階であり、ブランド名やロゴマークを目の前に示されたときに、そのブランドだとわかる状態である。多くのブランドは、非認知や再認知名の段階にあると考えてよい。一方で、ブランド名を提示されなくても思い出

せる状態を再生知名という。再生知名の段階に達することは、ブランドにとって重要な一里塚となる。なぜなら、通常の買い手にとって選択の際の選択肢とは、すべてのブランドを平等に扱うことでは決してない。むしろ、選択肢は一部のブランドのみを取り上げた部分集合とならざるをえない。人間の情報処理能力にかかる非常に強い制約のためである。そのとき、ぱっと思い出せるブランドが優先されることはいうまでもない。逆に再生知名を得られなかったブランドの多くは、すでにこの時点で競争から弾き出されてしまっている。

　これにくわえて、再生知名を獲得したブランドのうち、真っ先に思い出されるブランドを第一再生知名もしくはトップオブマインドとよぶ。急いでいるとか、ほかにも考えなくてはならないことがあるような場合、選択肢の個数が一つだけになることがある。あるいは、そもそも一つだけしか選択肢が思い浮かばないという状況も決して少なくはない。第一再生知名の地位にあるブランドが無条件で選ばれるような局面である。この地位にあるブランドの強さはいうまでもない。

　ここまでブランドの知名度の高低について説明してきたが、もちろんそれだけでブランド価値が決まるわけではない。もう一つ考慮しなくてはならないのはブランドイメージである。いくら知名度が高くても、どうしても否定的なイメージがついてまわるブランドがある。反対に一般的な知名度は低くても、熱心なファンやマニア層の間で好意的なイメージを保っているようなブランドもあるだろう。

　ブランドイメージを分解してみてみると、それはちょうど、ブランドを起点として広がるブランド連想のネットワークとして成り立っている。ブランド連想の要素は多岐に渡るが、最初に取り上げたいのは商品カテゴリーとブランドとの強い結びつきである。商品カテゴリーの代名詞的存在として、特定のブランドが扱われることがあるのだ。近年の例でいえば、スマートフォンやハイブリッド自動車を思い浮かべてみればよいだろう。また、ブランド連想の要素として特定の人物を挙げることもできる。カリスマ的魅力をもったブランドの創業者や経営者はその代表である。あるいは、そのブランドの愛用者が連想されてくることもある。典型的なのはウェアや用具を用いるスポーツ選手であるが、それは家族や知人などでもよい。テレビ広告に好感度の高い著名人が起用されるこ

とも多いが、これらもまた連想の効果によるイメージ向上を狙ったものだということができる。

　地名がブランド連想を広げていくこともある。横浜や神戸といった地名は、どこか異国風の雰囲気をイメージさせ、京都や奈良であれば、日本の伝統文化や歴史への連想が広がっていく。ここでもし、京都がハイテク産業の一大拠点であることを知れば、その連想の広がりは重層的なものとなっていくだろう。また、下関のフグ、和歌山の梅、長崎のカステラ、静岡の茶のように特定の商品との結びつきが強い地名も多い。日本製、ドイツ製、フランス製、イタリア製といったことばが連想させるイメージもある。これらの国レベルの連想はとくに原産国効果とよばれている。

　買い手がもつブランド知識は、やがて現実の行動となってあらわれてくる。とりわけ特定のブランドを常に選び続けるような行動のことをブランドロイヤルティという。ロイヤルティとは忠誠心のことを指すことばだが、現代ではそれが明確になる機会が増えてきている。会員カードやスマートフォンのアプリなどを用いて顧客情報をデータベース化し、管理していくことが一般化したからである。航空会社のマイレージプログラムや、サービス業や小売業のポイント制度などは、その代表であろう。商品の購入を続けるとマイルやポイントが貯まり、特典と交換できるといった仕組みである。これは同時に行動履歴の蓄積につながるが、電子化の進展によって行動の追跡をより精密かつスピーディに行えるようになったのである。

4. 観光のブランド化に向けて

　強いブランドを構築することは、国際的な激しい競争下にある観光の場合、とりわけ重要である。観光のブランド化は、観光地のブランド化と観光産業のブランド化に分けて考える必要があるが、ここでは観光地のブランド化について触れておこう。これまで説明してきたとおり、ブランド価値の根底にあるのは、その知名度とイメージである。観光地がどのような旅行者をターゲット顧客と考えるか。知名度の望ましい水準は、それによって変化してくる。必ずしも100%の知名度が目標ではな

い。むしろ、狙った顧客層に的確に知られることこそが重要である。イメージについても同様である。万人に好まれるイメージというのは、実のところ存在しない。たとえば、安価なイメージは多くの人々を呼び寄せることになる。しかし、それによって生じる雑然とした雰囲気を嫌う人たちもいるのだ。また、旅行者は経験を重ねることによって成熟していく。観光は国際的な成長産業であるからこそ、旅行者の成熟によって生じる変化は、比率として大きな部分を占めることになる。ターゲット顧客の明確化と、その定期的な再検討が強く求められる理由である。

【参考文献】
アイエンガー、シーナ（2010）『選択の科学』櫻井祐子訳、文藝春秋。
青木幸弘・新倉貴士・佐々木壮太郎・松下光司（2012）『消費者行動論——マーケティングとブランド構築への応用』有斐閣。
アトキンソン、デービッド（2015）『新・観光立国論——イギリス人アナリストが提言する 21 世紀の「所得倍増計画」』東洋経済新報社。
小川孔輔（1994）『ブランド戦略の実際』日本経済新聞社。
ケラー、ケビン・レーン（2000）『戦略的ブランド・マネジメント』恩蔵直人・亀井昭宏訳、東急エージェンシー。
American Marketing Association, "Dictionary," https://www.ama.org/resources/Pages/Dictionary.aspx?dLetter=B（最終閲覧日 2016 年 1 月 24 日）。

第11章
観光とコンテンツ

出口竜也

1．観光資源としてのコンテンツ

　近年、いわゆるコンテンツ（contents）としての映画、テレビドラマ、アニメ、ゲーム、小説、漫画、音楽などの作品を活用した観光の可能性に注目が集まっている。本章では、こうした観光をコンテンツ・ツーリズムとしてとらえ、そのありようと課題を検討する。

　コンテンツが活用されることによる観光行動自体は国内外において古くからみられる現象である。たとえば、マルコ・ポーロがアジア諸国で見聞した事柄を口述した書物である『東方見聞録』は、多くのヨーロッパ人をアジアへと誘う観光情報の役割を果たした。また、日本においても『東海道中膝栗毛』や『太平記』のような具体的な地域を紹介した読み物が広く普及した江戸時代には、それを追体験する観光が多くの人たちによって盛んに行われてきた（増淵 2012）。

　では、今なぜ古くからみられるこうした現象にあらためて注目が集まっているのであろうか。さまざまな理由が考えられるが、ここでは以下の2点を指摘したい。

　第一の理由として指摘できるのが、コンテンツ制作において活用される各種技術の急速な進展である。たとえば、映像技術の進展は多様なジャンルで質の高い作品の制作や発表を可能とし、インターネット技術はコンテンツに関する膨大な情報を瞬く間に拡大させることに貢献している。また、輸送技術の進展は、手軽かつ安価に国内外を訪問する機会を多くの人々にもたらしている。つまり、さまざまなジャンルのコンテンツ作品に触れる機会がグローバルな規模で拡大すると同時に、そのコンテンツ作品にゆかりのある地域へと出かけることが年々容易になってきているというわけである。

　第二の理由として指摘できるのが、こうした流れのもと、コンテンツ作品の熱烈なファンがゆかりの地域や場所に姿を現し、ユニークな観光行動を行うことがメディア等を通じて興味深く報道されているという点である。彼（彼女）たちの多くは、自身が愛してやまないコンテンツ作品の舞台になった地域や場所を訪れ、単なる記念写真を撮影するだけでは飽き足らず、その作品の展開における重要な場面で登場人物がとった行動や発言を再現したり、作品にちなんだ地域のお土産を買い込むなどして、作品世界の追体験を行っている（岡本 2012）。

　とくに、深夜アニメである「らき☆すた」の舞台となった埼玉県久喜市の鷲宮神社周辺で展開された、いわゆるオタクとよばれる同作品の熱烈ファンと地域の人々とのさまざまなかたちでの交流は、「コンテンツ・ツーリズム」という概念が一気に知れ渡る契機となった。

　その後のメディアの関心はオタクたちによる創作活動にも及ぶ。いわゆる二次創作とよばれるオリジナルの世界観を尊重しつつも独自のストーリー展開をはかった各種コンテンツ作品が、「コミックマーケット（以下、コミケット）」や「ワンダーフェスティバル（以下、ワンフェス）」に代表されるような同人イベントを通じて披露、頒布されていることが、ここ数年でかなり広く知れ渡るようになった（出口ほか 2009）。

　また、自作の衣装や小道具を身に着け、コンテンツ作品に登場するキャラクターになりきる「コスチュームプレイ（以下、コスプレ）」を趣味とする人々の存在も、その代表的な交流イベントである「世界コスプレサミット（以下、WCS）」などの紹介を通じて徐々に認識されるとともに、市民権を獲得しつつある（金森 2013：2015）。

　このように、観光資源としてのコンテンツは明らかに来訪者の動機を刺激する有効な手段の一つになりうるものである。しかし、ここで取り上げた例は多様な展開が想定できるコンテンツ・ツーリズムにおける一部の突出した現象を紹介しているにすぎず、より包括的かつ本質的な観点から観光とコンテンツの関係を検討する必要がある。本章では、こうした問題意識をつねにもちつつ、議論を進めていくことにしたい。

2．コンテンツ・ツーリズムの類型

　まず、コンテンツ・ツーリズムを以下に示す四つのタイプに類型化することで包括的に整理してみることにしよう。

　第一のタイプは、コンテンツ・ツーリズムの原型ともいえる「訪問型」である。これは、コンテンツ作品の舞台もしくはなんらかの関連性をもつ地域や場所を訪問することで、作品世界を追体験するタイプの観光行動である。たとえば、映画『ローマの休日』を参考にしたローマ市内の観光や、2000年代の中盤に大ヒットした韓国ドラマ『冬のソナタ』で重要な舞台となった春川市への訪問などは外国における代表的な事例として理解できるであろう。日本においても、たとえば志賀直哉の小説『城崎にて』は、連載当初から作品に魅了された多くの愛読者を観光客として集め、川端康成の小説『伊豆の踊子』は、複数回にわたる映画化やテレビ化を通じて作品の追体験を行う観光客を誘った。また、NHKが制作する連続テレビドラマ小説や大河ドラマは、これまでに数多くの地域において作品を通じた誘客を支援している。こうした流れを受け、いまや日本の大部分の地域においてなんらかの「訪問型」コンテンツ・ツーリズムが実施されているといってもよい状況となっている。

　第二のタイプは、「テーマ・パーク型」である。これは、コンテンツ作品をアトラクションとよばれる人工的に作られた施設を通じて紹介し、それらを一つもしくは複数のテーマに基づいて1カ所に集約することで、有料でみせたり体験させたりするというタイプのものである。代表的な事例として、国内外に拠点をもつ「ディズニーランド」や「ユニバーサルスタジオ」、京都市に所在する「東映太秦映画村」などを挙げることができる。

　第三のタイプは、「博物館型」である。これは、コンテンツ作品に関するさまざまな収蔵品等を博物館に相当する施設に展示し、みせることに主眼がおかれるタイプのものであり、代表的な事例として東京都三鷹市に所在する「三鷹の森ジブリ美術館」や神奈川県川崎市に所在する「藤子・F・不二雄ミュージアム」などを挙げることができる。また、一般の美術館・博物館などの施設における期間限定の企画展示として公開さ

れる場合もある。

　そして、第四のタイプはコンテンツ作品の上映会、展示会、コンテンツ作品をテーマとしたコスプレイベント、同人イベントなどの開催が中心を占める「イベント型」である。たとえば、フランスのカンヌにおいて開催されている「カンヌ国際映画祭」は、世界中から富裕層を集めることに成功している。日本に目を転じると、先に述べた「WCS」は毎年8月上旬に愛知県名古屋市で開催される世界最大規模のコスプレイベントであり、模型会社の海洋堂が主催するフィギュア系イベントの「ワンフェス」は幕張メッセ、世界最大級のボランティア組織を運営母体とする「コミケット」は東京ビッグサイトにおいて、それぞれ年2回のペースで開催され、国内外から毎回数十万人単位の参加者を集めている。

　このように、コンテンツ・ツーリズムは世界各地においてさまざまなかたちで展開され、さまざまな動機をもったさまざまな人々が来訪する非常に幅広い観光現象としてとらえることができるものである。

3．コンテンツ・ツーリズムの特徴と課題

　次に、コンテンツ・ツーリズムがもつ特徴と課題について検討していくことにしよう。

　第一の特徴として指摘できるのは、「訪問型」に典型的にみられるようにコンテンツ作品もしくはその作者になんらかのゆかりのある場所や地域へと出かけ、その世界観を体験して楽しむことが主たる動機となることから、もともと観光地ではなかった場所や地域が突如として観光地化する場合がしばしば起こりうるという点である。

　第二の特徴として指摘できるのは、コンテンツ作品を活用した商品開発が可能であるという点である。たとえば、東京ディズニーリゾートやユニバーサルスタジオジャパンはともにみずからが所有する作品やキャラクターにちなんだ「ここでしか手に入れることができない」オリジナル商品の継続的な開発と販売を通じて多くの来訪者の購買意欲を刺激することで、好調な業績を維持している。同人による多様なジャンルの作品が頒布されるワンフェスやコミケットにおいても毎回10万円以上の予算を組む参加者の存在が多数確認されている（出口ほか 2009）。また、

「訪問型」のコンテンツ・ツーリズムを実施している数多くの地域で、その作品にちなんだ限定商品の継続的な開発と販売を行うことによって、来訪者の満足度を引き上げ、リピーターを増やしていくことの重要性が指摘されている。いずれの場合も、来訪者たちがコンテンツ作品に対して抱く思いやイメージが「もの」や「こと」として商品化し、販売されることで経済的な循環が構築されている点に注意が必要である。

　そして、第三の特徴であり、コンテンツ・ツーリズム自体が抱える本質的な課題として指摘しなければならないのが持続可能性の問題である。目まぐるしいスピードで次々と新しい作品が発表されるコンテンツ業界において、特定の作品が長期間にわたって注目され続けることは一部のロングセラーの作品を除くときわめて稀であるといってよい。

　たとえば、先に取り上げた NHK の連続テレビドラマ小説は半年ごと、大河ドラマは1年ごとという比較的長いスパンで番組が放映されるだけでなく、1年以上前から作品の舞台となる地域が公表されるなど、かなり周到な事前準備が可能なスケジュールの設定がなされている。したがって、どちらのシリーズにおいても舞台となる地域による来訪者の受け入れ態勢が本編放送開始時には整備され、回を追うごとに来訪者を増やしている様子が NHK による広報番組などを通じて放送されることが恒例となっている。しかし、放映が終わった番組の舞台になった地域に対する関心は翌年には急速に薄れてしまい、それに呼応して来訪者数も大幅に減らすという現象が毎年のように繰り返されていることも同時に理解しておかなければならない事実である。

　以上の点から、コンテンツ・ツーリズムはコンテンツ作品を通じて新たな観光地を形成し、観光商品を開発するための手段として活用できるものの、その特徴を長期間にわたって維持することは非常に難しい手法であることが理解できるであろう。

4．コンテンツを活用した観光振興の本質とは

　では、コンテンツを活用した観光振興をはかるためには、どのような点に注意を払うことが重要になるのであろうか。最後に、その本質を探ることで本章の結論としたい。

　そもそも、コンテンツ作品に対する認知度や関心が来訪の動機に直結するコンテンツ・ツーリズムにおいては、単にストーリー展開が面白いだけにとどまらず、その地域ならではのさまざまな特徴がストーリーの随所に盛り込まれていることが要請される。実際に来訪することで作品の世界観を追体験できると同時に、その追体験を通じて地域にお金が落ちる仕組みも構築されていることも重要である。また、わざわざ現地を訪れる必然性を感じ取った来訪者を地域ぐるみで温かく受け入れる雰囲気が醸成されればなおよいであろう。

　しかし、「訪問型」のコンテンツ・ツーリズムを実施する際にはつねにその持続可能性を意識する姿勢が求められる。そして、コンテンツ・ツーリズムの実施をきっかけにして再確認された地域ならではの資源を動員することで、コンテンツ作品に頼らない観光商品を開発し、次の段階に進んでいくという構想を戦略的にもつことが重要である。

　たとえば、兵庫県神戸市は NHK の連続テレビドラマ小説『風見鶏』の舞台となったことをきっかけに北野地区を異人館街として観光地化し、定着させることに成功している。また、青森県大間町では『私の青空』の放送をきっかけとして結成された町おこし集団が、地域の特産品や住民を活用した数々のユニークな活動を継続的に展開している。こうした事例は、コンテンツ作品を通じて紹介された地域の歴史や生活文化を有効に活用した観光振興に向けた取り組みを検討するうえで参考になるであろう。

　他方、「テーマパーク型」、「博物館型」のコンテンツ・ツーリズムにおいて求められるのは、継続的な新作の公開によるコンテンツの充実と、定期的なリニューアルや企画展示による、ここでしか体験できない魅力的な「もの」や「こと」を絶えず更新していくことであり、「イベント型」のコンテンツ・ツーリズムにおいて求められるのは、同じ趣味嗜好をもつ参加者がコンテンツ作品を媒介にしてさまざまなかたちで交流できる機会を用意することである。そして、いずれの場合においても来訪者を飽きさせない新たなコンテンツ作品の継続的な導入や展示方法を提案する能力を養成し、それらを継続的に実現させるビジネスシステムを構築することが肝要である。

【参考文献】
岡本健（2012）『ｎ次創作観光』NPO 法人北海道冒険芸術出版。
金森康浩編（2013）『世界コスプレサミット公式 PHOTO ブック 2013』流行通信 MOOK。
金森康浩編（2015）『世界コスプレサミット公式 PHOTO ブック 2015』流行通信 MOOK。
出口弘・田中秀幸・小山友介（2009）『コンテンツ産業論——混交と伝播の日本型モデル』東京大学出版会。

第12章
観光と技術革新

尾久土正己

1. 蒸気機関と写真術

　観光は時代とともに発展してきたが、その原動力として技術革新があることを忘れてはいけない。とりわけ観光に大きな影響を与えてきた技術分野が、観光客を観光地に運ぶ船舶や鉄道などの「輸送技術」と観光客の観光地に対するまなざしを創り出してきた写真やビデオなどの「映像技術」である。この二つの技術革新は、時を同じくして19世紀の中頃に起こっているが、この時期にあわせるかのように、トーマス・クックは1841年に団体旅行の取り扱いをはじめており、観光も大きく変わろうとしていた時期であることがわかる。まずは、それぞれの技術の黎明期を振り返ってみたい。

　輸送技術の急速な発展は、1769年のイギリスのジェームズ・ワットの実用的な蒸気機関の発明が起点になり、船舶や鉄道に応用された。実用的な蒸気船はアメリカのロバート・フルトンによって1807年に開発されている。1837年には蒸気船による大西洋航路が就航する。蒸気機関車は1814年、イギリスのジョージ・スチーブンソンによって実用的な機関車が開発され、1830年にはリバプールとマンチェスターを結ぶ本格的な旅客鉄道であるリバプール・アンド・マンチェスター鉄道が開通している。観光が非日常空間への「移動」であることを考えれば、これらの輸送技術は観光に直接かかわる基盤であり、その技術革新が観光に大きな影響を与えたことに異論はないだろう。

　一方の写真はレンズ付の暗箱（カメラ・オブスクラ）のスクリーンに映し出された像を固定する技術（写真術）であった。1820年代に、ジョセフ・ニエプスがアスファルトを感光剤に用いて像の固定に成功したが、露出時間が何時間もかかることから普及することはなかった。共同研究

者であったルイ・ダゲールは 1839 年にその後の写真の基本原理になった銀塩写真法を発明し、露出時間が分単位と実用的なものになった。この写真法は当時のフランスで影響力のあった天文学者のフランソワ・アゴラによって評価され、その権利を政府が買い取り、一般に公開された。このことで銀塩写真法は一気に世界に広がり、改良が加えられながら現在に至っている。

　ジョン・アーリは「写真術はあきらかに観光のまなざしにとって、観光全般にとっていちばん重要なものである」(アーリほか 2014)と述べているが、写真などの映像技術の革新は、どのように観光に影響を与えてきたのだろうか。また、現在進行中の技術革新によってどのように変わっていくのだろうか。本章では、まず、実際の風景と映像の違いに考察することからはじめたい。そして、今、デジタル化やインターネット化と並行して、映像の超臨場感化が進んでいる。そのなかでも、著者が観光のまなざしに大きな影響を与えるに違いないと考える「全方位映像」という映像技術の革新について紹介し、その影響について、「観光のまなざし」について多くの研究があるアーリの論点を中心に論じたい。

2．風景と写真

　そもそもカメラ・オブスクラは絵画の下絵を描く際に使われ、風景をフレーミングする(枠の中に収める)ための道具であった。絵画を描くことも写真を写すことも「現実の風景に人為的なフレームをはめる作業」としてとらえれば、それらは一連の技術だと考えることができる。一方で人間の眼にも明確ではないものの視野というフレームがある。たとえば、眼球を動かすことなく文字などの細かな情報を解読できる視力の高い視野(弁別視野)は数度しかない。また、頭部を動かすことなく、眼球運動だけで瞬時に文字や色などの情報を得ることができる視野(有効視野)は水平方向で約 30 度である。このように人間の眼も注視したい対象を弁別視野や有効視野というフレームに収める行為を自然に行っている。眼で注視したり、絵画や写真としてフレーミングした瞬間に、風景のなかの対象物は意味をもつことになる。アーリは「写真家は風景を、適切な光、枠、構成の下ではじめて舞台化する」(アーリほか 2014)と述

べ、スーザン・ソンタグは写真論のなかで「主題をちがったふうに切り取ることがかんじん」と述べている（ソンタグ 1977）。撮影者の意図をもってフレーミングされた観光地の写真は実際の風景と違うものになり、みる人を観光地へと誘う力をもつ。その結果、「旅行とは、出かける前に、原型としてすでに見ているイメージの、自分用に焼き直したものを、現地で指差しして、そこに確かに来たということを証明する作業」（アーリ 1995）、すなわち「観光はたいていが、写真になりそうなところを探し求める行為となった」のであり、「旅行者は、出かける以前から見ていた画像を自分たちも撮影してきたというのを友だちや家族に見せて、自分たちも本当にそこに行ったのだということを見せびらかすことになっていく」のである（アーリほか 2014）。

　一方で、写真などの映像は、観光客に実際の風景とのギャップを感じさせることもある。たとえば、ビルに囲まれた札幌市の時計台や、実際にみると小さなコペンハーゲンの人魚姫の像などは「がっかり名所」として有名である。観光写真ではそれらの被写体だけが枠一杯に配置されており、周囲の風景との比較ができないためである。人間の視覚は、水平で約 100 度までは物体の存在を判別でき、広がりや奥行き感などの空間座標感覚に影響を与えている（誘導視野）。さらにその外にも視野はあり、大きな変化や強い刺激しか判別できないが水平で約 200 度まで広がっている（補助視野）。これに頭部の運動を加えれば、ほぼ全方位を視野に収めることができる。そのため、切り取られた写真と実際の風景の間にギャップを感じるのである。映像が切り取るものは空間だけではなく、時間も切り取っている。観光地の写真は、被写体が一番きれいにみえる季節、天気、時刻といった特定の条件の瞬間に撮影されることが多く、違う条件で訪問した観光客にギャップを感じさせることになる。

　かつて、皆既日食の教材化に取り組んでいた著者たちは、皆既日食が通常の映像では表現できていないことに気づき、フレームで切り取らない映像に挑戦することになった。そこで、プラネタリウムのドームスクリーンに映像を生中継するシステムを構築したところ、現地での日食観測を追体験することに成功した。そこでは、これまで切り落とされていた周囲の風景が映像の臨場感を高めていることが明らかになった（尾久土 2009）。次節では、映像の臨場感を高める技術とその究極のかたちで

ある全方位映像について紹介する。

3．超臨場感映像と全方位映像

　近年の映像技術を考えると、デジタル化とインターネット化がもっとも大きな革新であろう。アーリは「デジタル写真が象徴しているのは即時性である」と述べている（アーリほか 2014）。しかし、映像のかたちに注目すれば、枠にはめ込まれた写真術の延長にすぎない。そこで、本節では、デジタル化やインターネット化と同時に進んでいる、別の方向性である「超臨場感化」について、その技術的要因と最近の動向を紹介したい。

　映像の臨場感を高める要因は解像度の高さと視野角の広さである。不鮮明だったり画素が目立つような映像では本物のようにみえないため、前者の解像度については説明不要であろう。後者の視野角と臨場感との関係については畑田豊彦らの研究が有名である（畑田ほか 1979）。畑田らは、画角を自在に変更できる装置を使い、心理物理学的手法で臨場感を測定したところ、映像の臨場感は画角が 30 度あたりから顕著になり 100 度で飽和する。この結果を根拠に、日本のテレビ放送の規格であるハイビジョンは画角が有効視野をすべてカバーできる 30 度になる位置で、高い臨場感をもつ次世代テレビ放送の規格であるスーパーハイビジョンでは画角が誘導視野をすべてカバーできる 100 度になる位置で視聴するようにそれぞれ設計されている。では、それ以上の画角の映像の臨場感はどのようになるのだろうか？

　先に述べたように著者たちは皆既日食をドームスクリーンに投影することで観測地を高い臨場感で再現できたが、画角 100 度で飽和するはずの臨場感が水平で 360 度の画角ドームスクリーンでどうして高まるのであろうか。従来の映像は切り取るものであって、視聴者は正面の画面をみるものだった。一方のドーム映像は真後ろにも映像が続いているため、その全部をみるためには頭を動かさないといけない。そこで、ドーム内での視聴者の頭の動きを測定し、頭の動きと臨場感の関係について調べてみた。その結果、頭を動かすことが視聴者の臨場感を高めていることが明らかになった。通常のフレーム内の映像では、視聴者は正面のディ

スプレイを受動的にみるが、フレームレスのドームスクリーンの場合、
視聴者は注視したい対象を頭を動かして能動的に選んでいる。著者たち
は、観光地でも同様の実験を行い頭の動きを測定したが、ドーム内と観
光地における注視行動は似ていることが明らかになった（Okyudo *et al.*
2014）。著者たちは現在、プラネタリウム向けに多くの観光番組を提供
している。今後、ドーム映像のようなフレームレスの観光映像が普及す
れば、ドーム内で観光地のようなまなざしを映像に向けることになるが、
ドームスクリーンは特殊な設備であり一般的なものになることはないだ
ろう。ところが、最近、安価で容易に全方位映像を楽しめる環境が登場
してきた。次節では、全方位映像の最新の動向を紹介し、それらが観光
のまなざしにどういう影響を与えるのか論じてみたい。

４．観光のまなざしへの影響

　スマートフォンが高性能化するなか、ディスプレイが高精細化するだ
けでなく、GPS や加速度センサーなどのようにスマートフォン自体の動
きを検出する機器も搭載されるようになった。その結果、企業や大学の
研究室でしか使われることがなかった頭に装着するヘッドマウントディ
スプレイ（HMD）が安価に開発できるようになった。ディスプレイを
装着できるだけでなく、センサーが検出した頭の動きにあわせて映像を
動かすこともできる。また、デジタル化されたカメラはより小型になり、
自転車のハンドルやヘルメットに装着するアクションカメラが数多く発
売されている。これらはいずれも画角が対角で 170 度前後あり臨場感の
ある映像を撮影できる。そこで、これらのアクションカメラを複数台組
み合わせることで、安価に全方位の映像を記録するシステムが販売され
ている。従来、全方位映像を撮影するシステムは高価で特殊な機材であ
った。さらに、１台で全方位映像が簡単に撮影できるカメラも市販され、
スマートフォンで全方位映像を頭の向きを変えながら能動的にみること
ができるようになっている（図 12-1）。このように全方位映像が一つの
新しい映像ジャンルとして急速に普及しはじめている。

　現在、Google によって世界中の風景が全方位映像で撮影され、Google
Map 上で Street View として公開されている。これらもドームスクリー

図 12-1　簡易な全方位映像システムの例

市販の全方位映像カメラ（RICOH THETA）で撮影し（左）、専用アプリ（SR Viewer）をインストールしたスマートフォンをダンボール紙製の枠（ハコスコ）に差し込んで鑑賞する。箱がなくても手でかざして見てもよい。筆者撮影。

ンにもスマートフォンにも全方位映像として表示できる。つまり、全方位映像はすでに特殊なものではなく、Google カメラが訪問した場所は世界中どこでも能動的に風景をみることができるようになっている。現在の技術レベルでは画質に不満があるものの、近い将来解決されるに違いない。そうなると、移動することなく、世界中の風景を観光地でみるように楽しむことができるようになるだろう。移動をともなわない観光について、アーリは「ヴァーチャルイメージ旅行が身体旅行に取って代わられているということは証明できないが、この二種の旅行形態のあいだに複雑な相互関係が生じてきて、ますます両者間に区別をつけることが難しくなってはいる」（アーリほか 2014）と述べている。ヴァーチャルな観光映像に対するまなざしについては、研究もはじまっており、たとえばコスタらは考古学エリアの CG で再現された古代の景観について議論している（Costa *et al.* 2012）。本章で取り上げた全方位映像は CG ではなく、現在の映像であり、生中継も技術的に可能である。空間も時間も切り取らない全方位映像が遠隔地のスマートフォンに表示される時代が

ついに到来した。

　旅行代理店の HIS は 2015 年春から一部の店舗でハワイの全方位映像を HMD で紹介し、旅行商品の購入の販促資料として活用するなど、観光業界での利用もはじまった。今後、人々は観光地に行く前にフレームレスな映像のなかでみずから興味のある対象物を選び出し、それを現地で再確認したり、どちらを向いても面白いフレームレスな観光地が選ばれたり、観光地もフレームレスな景観に向けて整備されていくに違いない。このように、全方位の観光映像が普及することで、フレームからフレームレスといった映像の概念を変えるだけなく、観光のまなざしを変え、観光全般を大きく変えることになるだろう。

【参考文献】

アーリ、ジョン（1995）『観光のまなざし──現代社会におけるレジャーと旅行』加太宏邦訳、法政大学出版局。

アーリ、ジョン／ラースン、ヨーナス（2014）『観光のまなざし（増補改訂版)』加太宏邦訳、法政大学出版局。

尾久土正己（2009）「4K 映像システムを使った皆既日食の全天投影」『映像情報メディア学会誌』63 巻 10 号、1385-1389 頁。

ソンタグ、スーザン（1979）『写真論』近藤耕人訳、晶文社。

畑田豊彦ほか（1979）「画面サイズによる方向感覚誘導効果──大画面による臨場感の基礎実験」『テレビジョン学会誌』33 巻 5 号、407-413 頁。

Costa, N., Melotti, M. (2012) "Digital Media in Archaeological Areas, Virtual Reality, Authenticity and Hyper-Tourist Gaze," *Sociology Mind*, 2(1), pp. 53-60.

Okyudo, M, Yoshizumi, C. (2014) "Characteristic of the ultra-realistic dome images estimated from viewing behavior," *International Display Workshops*, 21, pp. 820-823.

II

観光の経営について学ぶ

第Ⅲ部

観光による
地域再生について学ぶ

第13章 観光と地域再生

大浦由美

1.「観光立国」と地域再生

　観光振興は、いまや「観光立国」と表現されるとおり、日本の国家目標ともいうべき主要政策として位置づけられている。2000年代に入って、日本経済団体連合会（経団連）などの民間企業サイドから、相次いで観光振興を求める提言が発表され、政府も積極的に動きはじめた。2002年2月には小泉首相（当時）が、施政方針演説において、歴代の首相としてははじめて「海外からの旅行客の増大と、これを通じた地域の活性化」を図ることを明言し、翌年1月には「訪日外国人倍増計画」として、2010年までに年間1000万人の外国人の訪日を目標として掲げた。2007年にはそれまでの観光基本法（1963年）を全面改定した「観光立国推進基本法」が施行され、2008年には国土交通省の外局として観光庁が発足するなど、国を挙げての「観光立国」推進体制が整えられたのである。

　日本がこれほどまでに観光振興を重視するようになったのはなぜだろうか。第一に、国際観光客数の増加を背景とする観光産業の急成長が世界的に注目されるようになったことである。世界観光機関（UNWTO）によれば、国際観光客到達数は1950年の2500万人から1980年には2億7800万人、1995年には5億2700万人と加速度的に増加しており、2012年には10億人を突破した。今後も増加傾向にあり、2030年には18億人に達すると推計されている（UNWTO 2015）。世界旅行ツーリズム協議会（WTTC）によれば、2014年の観光産業の経済規模（観光GDP）は7兆6000億米ドル、世界全体のGDPの9.8%を占めており、全世界で2億7700万人が雇用（11人に1人の割合に相当）されていると推計されている。さらに、2025年には世界のGDPの10.5%に達すると予測されており、観光は21世紀の成長産業として世界各国から大きな期待を

寄せられている（WTTC 2015）。

　こうした状況の一方で、日本は 1990 年代以降、「失われた 20 年」といわれる長期的な不況から脱せずにいる。戦後、日本の経済成長を担ってきた自動車や家電製品などの製造業は、1985 年のプラザ合意以降の円高や中国をはじめとするアジア新興国の追い上げによる激しい価格競争にさらされ、1990 年代には国際競争力を急激に低下させた。それまでの日本が輸出主導の「ものづくり立国」であったとすれば、この時期を境に、その基盤は大きく揺らいだのである。これにかわる有力な「輸出型」産業の一つとして位置づけられたのが観光産業であり、とくにインバウンドの受入体制を早急に整備することで、急速に国際競争力を強化しようとしている。これが「観光立国」の第二の背景である。

　第三に、地域再生方策としての観光への期待である。1990 年代の急速な経済のグローバル化の進展は、前述のような産業構造の転換と海外への生産拠点のシフトを促し、東京一極集中の一方での地域の空洞化と人口減少がかつてないほど進行した。また、1980 年代後半以降の対米貿易黒字の縮小を目的とする経済構造調整政策の一環として、農産物や繊維品などの輸入促進政策、大型店の規制緩和が展開された結果、国内農業や地場産業、商店街の衰退が加速した。さらに、1990 年代後半からの緊縮財政路線による建設投資額の急激な縮小、そして「平成の大合併」が追い打ちをかけ、地方の疲弊は著しく進行したのである。もはや公共事業や工場誘致といった従来の手段での経済活性化が困難になるなかで、観光がもたらす幅広い社会経済的効果が期待されている。とくに近年では、地域経済の維持・活性化を図るうえで、「交流人口」の拡大が重視されるようになっている。日本全体が「人口減社会」を迎えるなかで、もはやすべての地域で定住人口の増加を望むのは困難であるとの認識のもと、観光客などの「交流人口」の拡大によってこれを補完し、地域での一定規模の消費需要を維持しようという方向性が政策面でも明確に打ち出されるようになった。

　このように、2000 年代以降の動向は、観光を「地域再生」の原動力としてだけでなく、いわば 21 世紀の「日本経済再生」をリードする産業として位置づけているという点で、これまでとは時代を画するものである。

Ⅲ

観光による地域再生について学ぶ

2．国土政策における観光の位置づけ

　これまでの地域政策においても、観光はしばしば有力な地域振興策として位置づけられてきた。しかしながら、それらの多くが問題含みであったことも事実である。ここでは、戦後の国土政策などにおける観光の位置づけの変遷について、簡単に振り返っておこう。

　なお、「地域活性化」「地域再生」「地域づくり」という三つの言葉について、小田切徳美は、書籍のタイトルとして出現する件数の推移から整理している（小田切 2014）。その結果によれば、「地域づくり」は 1980 年代からどの時期にも使われ続けており、「地域活性化」はバブル経済期の外来型経済開発の動きを含意している。また、「地域再生」は 2000 年代に急増し、より困難な局面からの「地域づくり」を表現している。本章でも基本的にこの整理を参考にしている。

1）高度経済成長期（1950 年代後半〜1970 年代前半）

　1955 年を起点として、日本は本格的な高度経済成長期を迎え、工業生産力は飛躍的な発展を遂げていった。他方、工業生産の発展による都市部の労働者需要の拡大と農山村と都市との所得格差の拡大は、農山村から都市への人口流出を加速させることになった。このような都市と農山村間での不均衡な発展が浮き彫りとなるなかで、1962 年に「全国総合開発計画」（全総）が樹立され、地域間格差の解消を目的として、インフラ整備による工業の分散（企業誘致）とその波及効果によって地域開発を行うという「拠点開発方式」が採用された。このなかで、当時のマスツーリズムの急激な発展を背景として、観光開発は低開発地域における地域開発の手段として位置づけられ、これを受けて、地方自治体の総合開発計画などにおいても次々と観光開発計画が盛り込まれるようになった。こうして観光開発は農山村地域の振興策の一つとして定着したのである。

　次の「新全国総合開発計画」（新全総）（1969 年）では、効率的な産業開発や全国的なネットワークの形成を大規模開発プロジェクトによって推進することとなり、観光は「産業開発プロジェクト」の一環として位置づけられ、農山村地域では、キャンプ場、ホテル、スキー場などの施設

からなる大規模レクリエーション基地建設構想などが目論まれた。こう
した構想に刺激され、大手資本は積極的な投資を展開し、1960 年代後半
から 1970 年代初期にかけて約 150 万ヘクタールという広大な林地が投
機的に買い占められ、その約半数がゴルフ場、別荘分譲地、レジャー施
設用地など、観光レクリエーション開発を目的として取得されたといわ
れている（橋本 1978）。しかし、その後のオイルショック（1972 年）を経
緯とした経済情勢の急変により、開発ブームは急速に沈静化していった。

２）バブル経済期（1980 年代後半～1990 年代前半）

　次に観光が再び地域振興策としてクローズアップされたのは 1987 年
の「第四次全国総合開発計画」（四全総）においてであった。同時に制定
された「総合保養地域整備法（リゾート法）」に基づき、大規模リゾート
開発が地域振興の「切り札」として、全国各地で大々的に展開されるこ
とになった。

　しかしながら、この時期の大規模リゾート開発の本質は、国民の余暇
の増大を一方で掲げつつも、日米貿易不均衡に対するアメリカからの圧
力を背景に、日本の経済構造を外需（輸出）依存から内需主導へと転換
しようとする経済構造調整政策の一環として、農山漁村地域を莫大な公
共投資および大企業による投資のターゲットとして位置づけたところに
あった。他方、農山漁村地域においては、1980 年代に入って再び人口減
少が顕著となり、くわえて産業の空洞化や第一次産業の厳しい状況が地
方の衰退に拍車をかけた。こうしたなかで、多くの地方自治体が地域経
済の活性化や雇用の場の増大、税収入の増大などに期待をかけて、リゾ
ート開発構想に飛びついたのである。

　その結果、国土面積の 20％にも及ぶ大規模リゾート開発プロジェク
トが全国を席巻したが、1991 年のバブル崩壊を機に次々と民間企業が
撤退し、各地で中断・中止に追い込まれた。1992 年の段階で、リゾート
法下で指定された重点整備地区 77 カ所のうち、すべての施設が工事未
着工という地区が 39.0％、さらに 2064 の特定施設（リゾート法第 2 条で
定めるスポーツまたはレクリエーション施設など）のうち、工事未着工のも
のは 83.8％にのぼるなど、地域開発としてはまったくの失敗であったと
いえる。そればかりか、この時期に建設された「ハコもの」施設の運営

や、自治体が先行投資した道路・下水道施設などのインフラ整備の重い負担が、その後の自治体財政悪化の原因となり、今に至るまで禍根を残している。

3) 長期不況期（1990 年代〜）

　バブル崩壊以降、大規模リゾート開発の破綻が明らかになると、政府はその方針をすばやく農村型リゾートあるいはグリーンツーリズム政策へと切り替えた。1994 年には「農山漁村滞在型余暇活動促進法（グリーンツーリズム法)」が制定され、農林漁業体験民宿業の登録制度などが整備されるようになった。このような政府の急激な方針転換の理由は、四全総への批判の大きさのほか、この時期に進められた農林産物輸入拡大を前提とする農業構造改革のなかで、グリーンツーリズムなどの都市農村交流推進政策が、都市近郊や中山間地域などの条件不利地域における地域振興策として位置づけられたことも大きく影響している。

　次に 1998 年に策定された「21 世紀の国土のグランドデザイン（通称：五全総)」において観光は、「地域の自然、歴史、文化等を活かした観光交流の増大は、地域住民が地域独自の文化を発見、創出し、自らの居住する地域空間についての価値を再認識する契機となる」など、四全総における「ハコもの」的発想から、地域資源そのものを活かす観光に着目するものへと大きく変化している。また、「魅力のある観光地の形成は、地域の新たな産業振興や雇用創出につながり、地域の活性化や個性のあるまちづくりに寄与するものである」など、観光による経済的効果だけでなく、まちづくりへの寄与といった社会的効果についても言及がみられる。

　そして 2008 年の「国土形成計画」以降は、「観光立国推進基本計画」とも連携して観光振興を推進することが明記されている。2015 年策定の「新たな国土形成計画」においては、長い歴史のなかで育まれた地域固有の多様な文化が「魅力ある観光資源となり、あるいは独自の地域産品を生むなど地域の活性化に資する資源にもなる」とし、教育、福祉、まちづくりなど、幅広い分野への波及効果を視野に入れた施策の展開が求められるとしている。また、観光振興による地域の活性化については、インバウンドによる観光消費の拡大とともに、地域における関係者の合

意形成や、マーケティングに基づく戦略策定、観光関連事業のマネジメントなどの観光地域づくりの中心となる組織・機能（日本版 DMO）の確立、支援を行うとするなど、地域づくりと連動した取り組みが強調されている。

3．観光と地域再生をめぐる課題

　以上のように、地域振興策としての観光の位置づけは、1990 年代初頭のバブル経済の崩壊を境として、大きく変化したことがわかる。バブル経済崩壊以前では、いわゆる「土建国家」型の公共投資による「ハコもの」中心の外来型開発が、全国画一的なメニューおよび手法によって、きわめて中央集権的に行われてきた。これに対し、1990 年代後半以降は、地元資源の活用や地域文化との連携、住民生活そのものに対する波及効果に注目するなど、観光の役割がより幅広くとらえられ、また地域の独自性と多様性が重視されるなど、大きく転換している。このことは、同時期に生じたニューツーリズムへの注目や、観光客の価値観の多様化による個人旅行化、目的地の分散化など、観光形態そのものの変化も反映していると思われるが、なによりも日本にとっての観光の位置づけの変化、すなわち、日本の産業構造が大きく転換するなかで、「観光立国」として観光産業の国際競争力を強化するために、国内各地域が個性的で魅力的な観光地域として再生される必然が生じたといえるだろう。

　一方、小田切は、各地での実践例をもとに、今日求められている地域づくりの三つの柱として、①暮らしのものさしづくり、②暮らしの仕組みづくり、③カネとその循環づくりを挙げている（小田切 2014）。①は「その地域に住み続けることを支える価値観」の再構築であり、地域の歴史・文化、自然、人情や絆など、地域の価値を見つめ直し再評価するプロセス、②はソフト条件としての地域コミュニティ、ハード条件としての生活諸条件の整備、③は公共事業に依存しない、地域資源保全型経済を基本とした農山村らしい「小さな経済」の内部からの積み上げによる「中ぐらいの経済」の形成を意味しており、所得や人口増などの直接的な経済的価値にとどまることなく、総合的な目的をもって地域の「新しい価値」を上乗せしていくことを表している。現在の「観光資源の活

用による地域の特性を生かした魅力ある観光地域の形成」のプロセスは、まさにこのフレームにあてはめて考えることが可能である。とくに、体験・交流の要素を取り入れたニューツーリズムについては、一方で、ゲストの感動がホストに自信を与えることで「暮らしのものさしづくり」に貢献し、他方では多くのリピーターの獲得によって「カネとその循環づくり」に直接つながるという点で、地域づくりに大きな役割を果たすことが期待できる（小田切 2014）。今後、TPP への参加によって地域経済へのさらなる打撃が予想されているなかで、地域再生に果たす観光の役割はますます大きくなるであろう。

　ただし、現在の「観光立国」政策のもとでの観光振興は、国際観光における競争力の強化を強調するあまりに、インバウンド増大や受入体制整備が政策的に偏重されている傾向にある。そのなかにはカジノを含む IR 構想など、かつてのリゾート構想を想起させるような巨大プロジェクトが含まれていることにも注意する必要があるだろう。また、昨今の地方創生政策においても観光は重視されているが、事業の申請に際してあらかじめ「重要業績評価指標（KPI）」という数値目標の決定が義務づけられているため、交流人口の増加や観光消費額増加など、数値目標としやすい分野だけが強調されることも問題である。さらに、地域の個性ある資源は、農林漁業や地場産業など、これまでの地域の営みによって形成され、維持保全されてきたものである。その点で、個性的で魅力的な観光地域づくりと、その基盤となる農林漁業や地場産業などの地域産業の振興は、一体的に進められていくべきであろう。

【参考文献】
小田切徳美（2014）『農山村は消滅しない』岩波新書。
橋本玲子（1978）「山村進出資本の動向」林業構造研究会編『日本経済と林業・山村問題』東京大学出版会、353-408 頁。
World Tourism Organization（2015）"UNWTO Tourism Highlights 2015 Edition"
World Travel & Tourism Council（2015）"Economic Impact of Travel & Tourism 2015 Annual Update Summary"

第14章
観光と地域プロデュース

木川剛志

1．地域プロデュースの役割

　まちづくりや着地型観光のニーズの高まりもあり、これらの事業をトータルに行える地域プロデューサーの役割は年々重要なものとなっている。しかし、一概に地域プロデューサーといってもその仕事のかたちはさまざまである。地域の伝統的な夏祭りを昔ながらのやり方でコーディネートすることも、ご当地映画とよばれるような地方発全国公開映画の仕掛人となることも、地域プロデューサーの仕事である。また、地域に溶け込んでその地域ならではの問題を実際に住民と一緒に取り組みながら解決を目指すやり方もあれば、住民が自発的に地域の課題を探し出せる枠組みを形成し、みずからは活動資金の調達に専念するやり方もあり、プロデューサーの地域へのアプローチの仕方もそれぞれ異なる。

　地域プロデューサーの役割は 2010 年に経済産業省の事業で行われた実践事例をまとめた報告書のなかでは「地域の魅力の抽出」「地域経済モデルの選択」「ビジネスモデルの構築」とされ（小林ほか 2011）、デザイナーとして地域再生事業に取り組んできた蓮見孝はポジティブな一般認識こそが重要な資源ととらえる「ポジティブ・フィードバック」を積極的に導入することとしている（蓮見 2011）。このように、地域プロデュースの役割は個々のプロデューサーによって異なり、定義は一つではない。

　筆者もこれまで大学教員として学生たちと一緒に地域プロデュースにかかわってきた。その経験から、地域プロデューサーの役割は地域がもつ潜在能力をいち早く見抜き、それを可視化する事業をさまざまな人たちと協力しながら遂行することと考えている。そして、新しい事業ではそれまでの正解は次でも正解とは限らない。地域の特性を読み解きなが

ら試行錯誤し、つねに新しいやり方を見つけることがプロデューサーには求められる。メディア戦略が有効に働き集客面で成功しても、そのあとの波及効果をみれば成功とはいえないこともある。逆に集客に失敗しても大事な何かが生み出されることもある。地域プロデュースを知るにはこの有機的なプロセスを理解することが重要であろう。そこで、この章では千差万別のプロデュース手法のなかの一つの例として、筆者がこれまでに福井市中心市街地で実践してきた事例を紹介し、地域プロデュースが観光に果たす役割について考えてみたい。

2．福井市中心市街地に潜在するみえない魅力

　福井市は福井県の県庁所在地であり、人口26万6514人（2016年1月1日現在）の特例市である。北には芦原温泉に東尋坊、東には永平寺に一乗谷朝倉氏遺跡、西には越前海岸と風光明媚な観光地に囲まれているが、福井駅前を中心とした市街地には観光資源となるような歴史的建造物はほとんどない。それは戦後の福井市の歴史が復興の歴史だからである。1945年7月19日の福井大空襲、1948年6月28日の福井大地震とわずか3年の間に2度も中心街は徹底的に破壊された。

　焼け跡から復興した福井駅前には歴史的観光資源は何もないようにみえる。しかし、焼ける前には当然そこに生活と文化があった。このような当たり前のことに気づかせてくれたのは一枚の地図「通学大地図福井市順化小学校考証昭和9年」（図14-1）だった。地図には「ヨーコちゃん片町のマドンナ」「テーブルの代りに大きなタイコがあった」など、作者のコメントが数多く書き込まれている。作者がどんな人だったか、福井市役所の人たちが調べてもわからない。正体がわからない1人の個人の思い出がこの地図を描いたのである。そして、この地図のなかの街は空襲と地震ですべて失われた。この街は人々の記憶のなかだけに生きる街なのである。

　この地図に出会ってから、折に触れて当時を知る人たちに戦前の街の様子を聞いた。彼女らは一様に駅前は楽しかったと語る。当時は羽二重と呼ばれた生糸の生産によって福井市は相対的に豊かな街であり、その背景のもと、寄席小屋や芝居小屋が数多く中心街に存在していた（福井

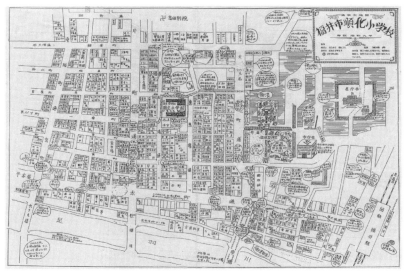

図14-1　通学大絵図福井市順化小学校考証昭和9年

市 1976)。また、だるま屋というかつて存在した百貨店ではコドモの国
という子どもを対象とした事業が展開され、専属の少女歌劇団が専門劇
場で公演を行っていた（福井県 1996)。駅前は福井市民にとって楽しい
場所だったのである。

3．みえない魅力を可視化する

　福井市の中心街は1990年代以降、多くの地方都市と同様、旧来の経
済的な優位性を失い、かつてほどは人が集まらない場所となった。しか
し、その一方で、街が繁栄して楽しかった時代がたしかに存在し、その
頃を知る人たちが大勢いる。ここに大きな可能性がある。目にみえる歴
史や文化は失われた、だからこそ、それらを目にみえるかたちにしよう。
これを目的に当時筆者が所属していた福井工業大学デザイン学科の学生
達と一緒に立ち上げた地域プロデュース集団が妄想福井だった。
　妄想福井では目にみえない「記憶」と「想像」を可視化する。2009年
からはじめた福井街頭映像会では、1950年代の福井市の記録映像を集
めて、それらが撮られた場所を会場に上映し、地域住民と昔の福井につ

図14-2　福井の街の物語展シンポジウム

いて語り合った（木川 2009、2010）。この成果によって福井市から補助を
得て 2011 年に行ったプロジェクトが「福井の街の物語展」（図 14-2）だ
った。この展覧会ではさまざまな街の物語を見つけ出して可視化するこ
とが目的だった。会場は、かつて存在した福井ショッピングプラザ。当
時、この商店街は取り壊されることが決定しており、現在、その場所に
は西口再開発ビルが建っている。

　展覧会で行った展示は主として二つ。福井新聞社から提供された福井
空襲や福井地震、だるま屋少女歌劇団などを紹介した当時の新聞記事。
自分たちで取材し編集した「福井街頭新聞」。街頭新聞では「秋津温泉」
などで知られる福井市出身の映画監督・吉田喜重、福井の名産トマト
「越のルビー」の開発者・森義夫などを取り上げた。そして、メインス
テージでは中心市街地のこれからを考えるシンポジウムを行った。シン
ポジウムでは地元コミュニティ FM のアナウンサー鳴尾健が司会をつ
とめ、パネラーとして近代都市史研究者の中川理、大林宣彦が長岡花火
を題材に長岡市で製作した映画「この空の花」のプロデューサー渡辺千
雅、そして福井市出身の俳優・津田寛治を招待した。

　中川理が全国の地方都市の事例を紹介し、渡辺千雅が長岡市の空襲か
らの復興への思いや長岡花火への愛情、それらを描いた映画の意義を語
り、そして津田寛治が自身の福井駅前での思い出を振り返り、いつか福
井で撮りたい映画について述べる。会場は数年後には取り壊される商店
街。イベント自体は集客面などに大きな課題は残ったが、この企画を行
うことによってはじめて出会える人たちがいた。一つの企画を行えば、

必ず新しい出会いが生まれる。そして、この出会いはのちにさまざまな
かたちに展開していくこととなった。

4.「福井の街の物語展」から生まれたもの

　2010 年から福井駅前では活性化事業の一つとして福井市がアートイ
ベント「フクイ夢アート」を開催してきた。2012 年の企画の一つとして、
シンポジウムにパネラーとして参加した津田寛治に映画製作の監督を依
頼することになった。製作費は福井市の補助や福井の企業の協賛、そし
て個人の寄付によって集めた。当時はまだ一般的な言葉ではなかったが、
今でいうところのクラウドファンディングである。そして、映画のスタ
ッフも多くは市民ボランティアだった。

　こうして生まれた映画「カタラズのまちで」(図 14-3) は津田寛治の自
伝的物語である。津田は福井で映画にかかわる仕事を志した。しかし、
福井という地方都市では映画の仕事をプロとして行うのは難しく、それ
ゆえに東京へ向かわざるえなかった。この映画の主人公は福井市に住む
ことを選んだ 1 人の画家である。福井に住みながら映画を目指せたなら、
そんな津田自身の過去の夢を主人公に乗せた映画であった。映画の物語
に監督のリアルなストーリーが重なって得られたリアリティにこの映画
の魅力はあった。映画は「ショートショートフィルムフェスティバル＆
アジア」や「SKIP シティ国際 D シネマ映画祭」など、国内の主要な映
画祭にノミネートするなど高く評価され、映画にかかわったすべての人

Ⅲ
観光による地域再生について学ぶ

図 14-3　「カタラズのまちで」撮影風景

で福井から一つの映画が生まれる物語を共有することができた。そして
この映画にかかわった学生、市民ボランティアは映画の大変さを経験し
ながらもその魅力にとりつかれ、次の映画の製作へとつながっていくこ
ととなる。

　2013年、先に述べた「通学大地図福井市順化小学校考証昭和9年」を
囲み、当時の福井を知る人たちが語り合い、地図に自分たちの思い出を
加筆する企画が進行していた。この企画を映像として記録してほしいと
妄想福井に依頼があり、当初は依頼通りドキュメンタリーとして描く予
定であったが、地図から想像できるさまざまな物語を描きたいという気
持ちが強くなり短編映画「君がいた街」を製作した。おもなスタッフは
「カタラズのまちで」で現場を知った学生たちであった。

　地図の魅力が映画製作の大きな動機ではあったが、この映画で描きた
かったことは、福井街頭新聞で取り上げた吉田喜重に届けたい思いだっ
た。吉田は福井市中心街の生まれで空襲を経験し、戦後は東京に暮らし
た。吉田にとって福井市はまぎれもなく故郷であったが、空襲と地震に
よる街の景色の喪失は故郷を遠い場所としてしまった。「君がいた街」
では、そこに記憶がある限り、街はいつまでも消えないことを伝えたか
った。

　そして、吉田喜重の映画を彼の故郷の福井市で上映したい思いも強く
なってきた。福井市中心街に位置する順化小学校の戦前の校舎は住民の
寄付によって建設されたという。寄付額の筆頭が熊谷組を経営する熊谷
家、次に駅前で映画館を営む伊井家、その次が絹を扱う商家であった吉
田喜重の生家であった。この戦前のストーリーの再現のごとく、吉田喜
重の映画を伊井家の映画館で、熊谷組の協賛で2014年「吉田喜重監督
映画上映会」を開催し、映画の上映と吉田喜重のトークショーを行った。

　かつては福井の中心市街地にも寄席小屋があった。その空間では講談
師や落語家は福井にまつわる物語も語っていたことだろう。このような
昔の情景を再現するために、福井の街の物語展で司会をつとめた鳴尾健
と筆者と数名の有志で2014年寄席小屋「きたまえ亭」を駅前に開設した。
さまざまな問題を抱え、1年で休演することとはなってしまったが、こ
の寄席小屋からは福井の話を題材にした新作落語が生まれた。また、表
現の空間を駅前にもつことで、福井駅前で全国からの短編映画を集めて、

街をテーマとした福井駅前短編映画祭を立ち上げることもできた。この映画祭は 2015 年からは「吉田喜重監督映画上映会」を開催した映画館テアトルサンクを会場に津田寛治を審査委員長として開催している。

5．地域プロデュースが導出する観光資源

　本章では目にみえる観光資源が少ない福井市中心市街地で、物語を見つけることで観光資源とするプロジェクトの事例を紹介した。筆者の場合は「通学大地図福井市順化小学校考証昭和 9 年」に出会ったことがきっかけで、福井の戦前の都市文化の魅力に気づき、それを可視化するイベントを行ってきた。中心市街地振興のためのイベントは一過性のものと否定されがちであるが、本章で示したようにイベントは人とのつながりを生む。このつながりがさらに新しい街の物語を紡ぐ。そして、街の物語は観光資源となる。

　「福井駅前寄席きたまえ亭」は休演となったが、この寄席小屋から育ったアマチュア落語家たちは福井市内のさまざまな場所で福井の物語を口演し、「カタラズのまちで」から生まれた福井駅前短編映画祭は全国から多くの映画監督が集まる場となり、彼らは福井市を舞台とした映画を企画している。こうして福井市中心市街地がもつ潜在的魅力は可視化されていくのである。

　以上が福井市を舞台とした、地域プロデュースの一つのかたちである。

【参考文献】
木川剛志編（2011）「妄想福井創刊号」私家版。
木川剛志編（2012）「妄想福井第二号」私家版。
小林志年・松田剛・永瀬由佳・竹内拓也・三谷匠衡・株式会社エムドライブ川崎亮・株式会社 Playce（2011）「映像コンテンツを活用した地域プロデュースカリキュラム」『平成 22 年度 産業技術人材育成支援事業（地域映像クリエーター等人材育成事業）報告書』クリーク・アンド・リバー社。
蓮見孝（2009）「地域再生プロデュース　参画型デザイニングの実践と効果」文眞堂。
福井県（1996）「福井県史通史編 6 近現代」福井県。
福井市（1976）「新修福井市史 II　市政 80 年福井市政史」福井市。
松村敬三（1984）「通学大地図福井市順化小学校昭和 9 年」私家版。

Ⅲ　観光による地域再生について学ぶ

第15章
観光とまちづくり

堀田祐三子

1．観光とまちづくりという二つの局面

　21世紀に入り、人々の観光行動がもたらす社会経済的効果に対して、大きな期待が寄せられている。日本にもアジアを中心とする国々から多くの観光客が訪れるようになり、こうした動向に対応しようと、観光関連産業だけでなく、国や地方自治体なども積極的に観光振興に取り組んでいる。多くの観光客が訪れることは、プラスの効果が期待できる一方で、往々にしてマイナスの効果もともなう。そのため、観光対象となる各地の自然や文化資源、さらにはそこで暮らす人々の日常生活の価値を次世代へと継承することができる観光振興のあり方、ひいては観光そのもののあり方が昨今問われている。このような考え方は、「持続可能な観光（サスティナブル・ツーリズム）」や「観光地管理（ディスティネーション・マネジメント）」という概念として知られているが、日本では「観光まちづくり」というある意味日本独自の概念としても普及しつつある。

　「観光まちづくり」とは、「観光」と「まちづくり」が結びついてできたことばである。「観光」という言葉はその定義をめぐってさまざまな議論があるが、ここではさしあたり一般的な理解の範疇である「楽しみのための旅行」ととらえておこう。他方、「まちづくり」という言葉は、多様な意味をはらんでいる。文字通りにとらえれば、人間が生活する物的な空間・環境をつくることを意味する言葉であるが、同時にそこには地域コミュニティの人的なネットワークを作り上げたり、コミュニティ意識を高めたりするという多様な意味合いが含まれている。

　従来、地域のなかで「観光」と「まちづくり」は、それを担う主体が異なっており、したがってまたその目指すところも同じではなかった。

「観光」は地域外の来訪者を念頭に、地域内外の観光事業者が中心とな
る「資源としての地域環境の利活用をベースとした地域経済の推進活
動」であり、他方「まちづくり」は生活者である市民による、「地域社会
を基盤とした地域環境の維持・向上運動」であったがゆえに、来訪者の
存在は意識されておらず、両者はしばしば軋轢を生じさせてきた（西村
2009）。

　この異なるベクトルをもつ言葉が結びついて生まれた観光まちづくり
は、日本におけるいわゆるホスト－ゲスト関係の変化の一部を表す現象
である。ホストとゲストの関係は、その相互作用や、観光客を送り出す
先進諸国と観光客を受け入れる後進国との間の関係ともかかわって活発
な議論が展開されてきた（安村 1996）。その関係は恩恵をもたらすもの
である一方で、そこには文化的・経済的差異が存在するがゆえに大きな
緊張や摩擦がしばしば生じる。こうしたホスト－ゲスト関係は、当然の
ことながら一国のなかにおいても成立する。観光まちづくりという概念
の登場は、こうしたホスト－ゲスト関係の互恵的かつ対立的な側面が、
観光の発展・進化とまちづくりの変化とともに、新しい関係へと転化す
る兆しであるといえよう。

2．観光の発展

　戦後の経済成長とともに、日本でも観光は広く普及をした。高速道路
や東海道新幹線など交通網が発展し、時をほぼ同じくして宿泊施設など
の整備が進んだ。並行して、ゲストサイドにおいても、所得の向上にく
わえ、余暇時間の増大・確保など、レジャー活動の一環として観光旅行
を選択できる条件が整い、当初は会社や町内会の慰安旅行などの団体旅
行が主流であったが、次第に家族やグループ旅行、個人旅行が増えてい
った。また、観光の目的や目的地の選択も、個人の趣味や関心に基づい
て多様化しており、安息や享楽的な楽しみだけでなく、学びや体験、も
のづくりやコミュニケーションを通じた楽しみなど、単なる「楽しみ」
という一言ではあらわせないほどに広がりをみせている。

　資本主義社会の発展に伴う生産力の向上が、人々の消費生活の内容を
高度化・多様化させるとともに、観光のあり方にも大きな変化をもたら

Ⅲ

観光による地域再生について学ぶ

した。観光は非日常の特別な行為というよりは、日常の延長上にある生活行為としての性格を強め、モノの消費それ自体にくわえ、人や知識との交流によって生まれる感動や心の豊かさを得るための行為へと進化してきたといえる。

こうしたゲストサイド、つまり観光需要サイドの変化は、従来型の観光地を著しく衰退させた。右肩上がりの経済の終焉とも相まって、大型ホテルや旅館、集客施設などの倒産・撤退がいたるところで起こり、観光産業に依拠してきた地域は大きな経済的ダメージを受けた。従来型の需要に支えられてきた観光地では、新しい需要にどのように対応していくかが大きな課題となっている。他方で、需要の変化にともない新たに観光目的地になったり、そうした需要を喚起しようとするまちや村でも、どのようにゲストを受け入れ、関係を構築していくかが課題となってきたのである。

また、環境問題に対する危機感の世界的な広がりやグローバル化にともなう格差拡大の問題を背景として、環境や社会、経済、文化の「持続可能性」を追求することが必要であると強く認識されるようになったことも、観光のあり方に影響を及ぼしている。環境問題や社会問題への関心の高まりが、エコツーリズムやボランティアツーリズムなど新たな観光のかたちを生み出しており、持続可能性は、いまや観光の領域においても重要な概念となりつつある。

3．まちづくりの発展

まちづくりは、多義的で曖昧な使われ方をしている言葉であるが、住民が主体となって、行政やその他の団体などとも協力しながら、地域の生活環境を改善していくための諸活動やそのプロセスを意味しているという点で、多くの論者の間に一定の共通認識がある（渡辺ほか 1997、佐藤 1999）。

高度経済成長のもと、全国いたるところで工場誘致や道路建設などの開発が進められた。こうした一連の開発が日本に経済的な豊かさをもたらしたことはたしかであるが、他方で都市化の急激な進行にともなう住環境の悪化や公害問題、そして歴史的な建造物や自然環境の破壊という

負の影響ももたらした。負の影響を被った地域では、住民が中心となって公害や開発への反対運動を起こした。「まちづくり」という言葉の起源はここにある。その後、反対運動は次第に、歴史的町並み保存運動など、住民が中心となって主体的にみずからの地域環境を改善していく諸活動へと発展し、行政や民間企業、さらには来訪者をも巻き込んだ多種多様な取り組みが、まちづくりとよばれるようになっていく。

　その後 1980 年代にはアーバン・ルネッサンス政策のもと、都市部では大規模再開発が進み、それに影響されて地価高騰の問題がこれまで以上に深刻になった。また地方都市や農山村では人口の流出が進んだため、過疎問題や一次産業をはじめとする地場産業の衰退に悩まされた。1990 年代以降もバブル経済崩壊後の経済不況と、そのもとで強化された規制緩和・市場主義政策の影響によって、国や地方自治体の役割の縮少が進み、行政サービスの低下や雇用機会の喪失、中心市街地の衰退など多くの問題が起きた。生活環境の不安定さや地域経済衰退が、地域の主要な課題として浮上するなかで、住民が地方公共団体とともに地域独自の環境を守るルールを作ろうとする取り組みや、イベントやキャンペーンを通して、地域の特産品や情報を発信する商業や産業活性化の取り組みなどがみられるようになった。

　1995 年の阪神淡路大震災を契機として、ボランティア活動や草の根市民活動団体に対する人々の認識と姿勢が大きく変化したことも、まちづくりの発展に大きく影響した。1998 年の特定非営利活動促進法の制定以降、市民活動団体の結成が各地で相次ぎ、人々は、これまでとは異なる新しい方法によって、地域や社会に主体的にかかわることができる機会をより多くもつようになった。住民参加の広がりによって、希薄化しつつあった地域コミュニティ・人間関係の回復が意識化されるとともに、地域住民がまちを知るための学びの機会や人と人をつなぐ場の創出といった取り組みも、まちづくりに不可欠な要素となっている。さらに近頃では来訪者や一時居住者など、これまでヨソ者とされてきた地域外の人をもまちづくりに巻き込む動きもみられる。

Ⅲ　観光による地域再生について学ぶ

4．観光とまちづくりの関係

　観光まちづくりという観点からみた場合、まちづくりの発展の要点は、地域課題の変容とともに、まちづくりプロセスへの住民の関与がより求められるようになったこと、そしてその結果として、まちづくりの内実が、まちや人との関係を「作る」「育てる」という能動的・創造的活動としての楽しみをはらみ、さらに主体の広がりを獲得している点にある。このようなまちづくりの発展によって、伝統的な地縁関係によるつながりではない、さまざまな目的でもって結ばれる縁が育まれ、地域の人的ネットワークを多様化・多層化しつつある。まちづくりの広がりのなかで生まれる人と人との関係が、相互の理解を深め、地域への愛着を育み、地域への関心・関与（働きかけ）を高める。こうしたプロセスは、次第に地域内部だけでは完結せず、地域外との関係をも同時に発展させることとなり、そのようなものとしてまちづくりと観光との接点を浮上させてきたのである。

　もう一つ重要な点は、まちづくりの多様な領域への展開が、多くの地方都市や農山村で産業の衰退が目立ち、高齢化と人口減少の進行が深刻さを増した時代に広がりをみせたという点である。「限界集落」や中心市街地の衰退がいたるところで問題となるにつれ、こうした地域経済・社会の再生がまちづくりの主要な課題となっていった。そうしたなかで、疲弊した地域経済を再生させる方策として、観光による交流や集客に大きな期待が寄せられるようになった。つまり、そこには観光振興とそれによる交流人口の増加がなによりも必要とされる状況があったのである。

　他方、バブル経済崩壊後の不況のもとで、観光に対する人々の欲求は急速に成熟・多様化した。こうしたニーズの変化は、観光を供給するホストサイドにとっても、それらを満たすような新しい魅力的な観光対象を創出することを不可欠にした。こうした対象は多くの場合、多様な要素からなる広がりをもった空間を含み、したがってそれを維持・管理することのできる地域社会の実現、すなわち、まちづくりとのかかわりやそれに対する期待を必然的に強めることとなったのである。

5．観光まちづくりの意義とこれから

　観光は多かれ少なかれ移動をともなう行為であり、人々が日常生活圏よりも広範な空間とのかかわりをもつことを可能にする。観光まちづくりの取り組みは、地域住民と来訪者の接点を広げ、来訪者と地域住民相互の交流を育み、それぞれが有する生活習慣や文化、価値観などをも含めた相互理解を深める機会をつくりだす。これは、観光まちづくりが、地域住民と来訪者双方の地域に対する愛着を高め、地域に対する積極的な関与を誘発する可能性を有しているということを意味する。この点で、観光まちづくりは、来訪者はゲスト、受け皿となる地域はホストという関係にとどまらない両者の新しい関係構築を可能にする要素をはらんでいるのである。

　観光はいまやまちづくりや地域活性化のツールとして大きな期待が寄せられ、多くの地域が地域振興を観光まちづくりに託して試行錯誤している。しかしそれが観光振興と従来のまちづくりとの機械的な結合として取り組まれるならば、観光まちづくりの取り組みは持続可能性に欠けるものとなる。観光まちづくりが息長く継続されるためには、人々の生活とその発展の新たな可能性をふまえ、観光まちづくりの可能性を十分に発揮することができるヴィジョンとプロセスデザインが必要となる。

　観光まちづくりの取り組みは、地域住民や来訪者のつながり（ヒト）、文化や自然環境といった有形無形の地域資源（モノ・コト）、資金の循環（カネ）の関係を、バランスよくコーディネートし、それらの価値を高めていくことがその基礎にある活動である。そしてなによりも、地域住民と来訪者双方がそうした諸活動を、そしてそこで生まれる交流を、みずからの楽しみとしているところに、その基盤があるのである。

【参考文献】
国土交通省総合政策局観光部監修（2002）『新たな観光まちづくりの挑戦』ぎょうせい。
佐藤滋（1999）『まちづくりの科学』鹿島出版。
西村幸夫編（2009）『観光まちづくり論　まち自慢からはじめる地域マネジメント』学芸出版。

バレーン・スミス編（1991）『観光・リゾート開発の人類学——ホスト＆ゲスト論で
　みる地域文化の対応』三村浩史訳、勁草書房。
安村克己（1996）「観光社会学の現状と課題」『社会学評論』47 巻 3 号、366-377 頁。
渡辺俊一ほか（1997）「用語「まちづくり」に関する文献研究（1945〜1959）」『日本
　都市計画学会学術研究論文集』32 号、43-48 頁。

第16章
域学連携と地域再生

上野山裕士

1. 域学連携への注目

　日本において、個性豊かで活力に満ちた地域社会の実現は、1993年の「地方分権の推進に関する決議」を嚆矢として進められた、二度にわたる地方分権改革やその後の地域にかかわる政策展開を通じて、最も重要な政策目標に位置づけられている。また、2014年から取り組まれているいわゆる地方創生（まち・ひと・しごと創生）においては、雇用の確保、人材の確保とともに、地域が抱える固有の課題を解決することの必要性が強調されている。地域課題の解決が、上記の目標を達成する具体的な方策となりうることが示されているのである。しかし、個々の地域を取り巻く環境や、そこに住まう人々の価値観・境遇は多様化しており、政府、自治体が課題解決の中心的な役割を担うこと、換言すれば、画一的な手法による課題解決は困難なものとなっている。そのため、個々の地域が抱える固有の課題に対しては、住民をはじめとする地域の主体による解決策の導出が有効となるのである。

　域学連携、つまり、地域と大学との連携は、地域主体による課題解決の実効性を高める手立ての一つである。近年では、総務省が、大学生および教員が住民等とともに地域づくりに継続的に取り組む「「域学連携」地域づくり活動」を支援しているほか、文部科学省が、地域の課題と大学の資源の効果的なマッチングにより地域の課題解決に取り組む「地（知）の拠点整備事業」や、大学が自治体、企業などとの協働により、地域が求める人材を養成することを目指す「地（知）の拠点大学による地方創生推進事業（COC＋）」を実施している。これらの取り組みには、多くの地域（自治体）が参画するなど、地域と大学との連携は、政府、自治体からの注目が高まる領域となっている。

また、大学においても、学生が地域で学び、その成果を還元すること の意義（磯田 2013）、大学が有するさまざまな資源を活用する場として の地域への着目（上野 2009）、そして、大学が地域と創造的な関係（双方 の変革、再生を導出するもの）を結ぶことの重要性（小林ほか 2008）など の視点から、地域との連携を重視する動きがみられる。

　上記の社会的背景にくわえ、多くの学問分野においても、大学生をは じめとする若者、地域外の人々が地域にかかわることの意義が指摘され ている。たとえば、都市農村交流には「地元の人びとが地域の価値を、 都市住民の目を通じて見つめ直す効果」があるとする見方（小田切 2013）や、伝統や文化に根差した地域の発展を目指す内発的発展論が地 域外とのかかわりを強調している点（鶴見 1999）、さらに近年、社会学 の領域で注目されるソーシャル・キャピタル論（社会関係資本：ここでは、 信頼や規範、共有される価値に基づくネットワークと理解しておく）におい て、とくに日本では、外部に開かれたつながりの構築が枢要とされてい る点（猪口 2013）などは、その顕著な例である。

　以上のような社会的・学問的背景をふまえ、本章では、域学連携の地 域再生に対する寄与について、和歌山大学観光学部において実施されて いる地域インターンシッププログラム（LIP：Local Internship Program） の実践事例を用いて検討していく。

２．地域インターンシップ（LIP）の取り組み

　和歌山大学観光学部では、和歌山県内をはじめ、さまざまな市町村な どの協力のもと、地域が抱える課題を学生が調査し、その解決方法を考 える地域インターンシッププログラム（以下、LIP）を実施している。 本プログラムは、学生が現地に足を運び、地域の人々と連携することに よって地域の課題解決を目指すもので、2008 年度に取り組みが開始さ れた。

　LIP に参加する学生は、まず、学内の事前学習や現地視察を通して地 域の実情を学ぶ。そして、現地調査や地域住民との交流、イベントの企 画運営などを通じて、それぞれの地域の真の魅力や課題と向き合ってい く。具体的な活動内容は、観光施設の視察や就業体験、施設の職員や利

表 16-1　年度別プログラム数（カッコ内は申請タイププログラム内数）

2008	2009	2010	2011	2012	2013	2014	2015	合計
6	8	3	4(1)	11(5)	5(2)	10(3)	15(6)	62(17)

出所）筆者作成。

表 16-2　年度別参加学生数

	2008	2009	2010	2011	2012	2013	2014	2015	合計
延べ人数	42	46	18	24	80	73	137	191	611
実人数	33	45	17	23	68	69	121	169	545

出所）筆者作成。

用者への聞き取り調査、宿泊施設や農家民泊のモニター、集客イベント
の企画運営、観光資源調査やマップ作成など多岐にわたる。

　表 16-1 は、2008 年度以降の年度別実施プログラム数の変遷を示して
いる。年度ごとのプログラム数にはばらつきがあるものの、2011 年に、
観光学部の専任教員が自治体などとの共同研究を通じた連携をもとに活
動を実施する申請タイプが創設されたこともあり、プログラム数が安定
するとともに幅広い活動がみられるようになった。

　次に、表 16-2 は年度別の参加学生数である。参加学生数は、先に述
べた申請タイプの創設以降、年々増加し、2015 年度は延べ 200 名近くの
学生がプログラムに参加した。これは、実施プログラム数が安定したこ
とともに、定員規模の大きなプログラムがみられるようになったこと
に起因すると考えられる。ただし、すべてのプログラムがこのような傾
向を示しているわけではなく、地域側が少数の学生（5 名程度）との連
携を求める場合もある。この点は、活動の内容や、地域とのかかわり方
の多様化を示唆するものである。

　最後に、本プログラムは、地域と学生との連携のみならず、活動成果
を地域に還元することを重要視している。具体的な活動成果としては、
報告書の作成や現地報告会の開催のほか、地域におけるイベントの実施、
新聞記事などのメディアへの掲載、学術論文の発表などが挙げられる。
また、2014 年度からは LIP 全体の活動報告書を作成しており、活動実
績の蓄積および活動成果の可視化を図る取り組みを進めている。

Ⅲ

観光による地域再生について学ぶ

3．LIP の実践事例

　本節では、LIP の実践事例について、筆者が 2015 年度に担当した三つのプログラムを取り上げる。表 16-3 に示すのは、本章で取り上げるプログラムの概要である。それぞれの活動内容については、前述の活動報告書（2015 年度版）および拙稿（上野山 2016）において詳述している。なお、ここで取り上げる活動は、継続的関与（定期的に地域を訪れ、さまざまな活動に取り組むもの）による地域活性化を目指すものであるが、他のプログラムには、短期集中型の活動（数日間の宿泊を伴う集中的な取り組み）や、マップの作成、イベントの開催などの具体的な成果を期待されるものもある。

　以下、それぞれの活動について、地域と大学生とのかかわりを中心に詳述する。

　まず、紀美野町（小学校の地域拠点化）において、学生たちは、地域の住民組織（上神野地区まちづくり推進協議会）および町職員（地域おこし協力隊、集落支援員を含む）とともに活動を行っている。具体的には、小学校の地域拠点化というテーマに基づき実施される活動（夏祭りなどのイ

表 16-3　本章で取り上げるプログラムの概要

地域名	テーマ	参加学生数	主な活動内容
紀美野町	地区×学生による継続可能な地域活性化に向けた寄り添い型支援体制の構築と観光・交流情報発信	26 名	廃校となった小学校の地域拠点化活動、イベントの企画・運営補助、マップづくり、PR 動画の作成、ワークショップへの参加、など
紀美野町	世代間交流を推進する地域拠点の企画・運営（認知症カフェでの実践を通じて）	6 名	認知症カフェの企画・運営、認知症啓発イベントへの参加、カフェパンフレットの作成、など
広川町	津木地区寄合会の運営、特産品開発、情報発信、イベントをともに考える	10 名	観光資源（花畑、プライベートリバー）の地域拠点化活動、イベントの企画・運営、地域特産品のパッケージづくり、ワークショップへの参加、など

出所）筆者作成。

ベント、伝統行事、清掃・施設整備、など）に学生が参加するというケースが多いが、地域のワークショップに参加し、地域住民と積極的に議論を行うなど、学生が主体的に地域にかかわるための仕組みが構築されていることも特徴である。本活動を通じて、学生たちは、地域の魅力や地域住民とともに活動することの楽しさに気づき、また、地域側は、学生がいきいきと活動する姿から活力を得るなど、学生と地域の双方に意識の変容がみられるようになった。

　次に、紀美野町（認知症カフェ）において、学生たちは、町職員、町社会福祉協議会職員、そして地域住民（カフェへの参加者やボランティア、近隣の小学校児童を含む）とともに、認知症カフェ（認知症当事者やその家族、地域住民が気軽に集い、交流する場）の企画・運営などに取り組んでいる。本活動において、学生は、高齢者に対して時に安らぎや安心感（とくに、相手の話にしっかりと耳を傾けることによって）を与え、ときに非日常性（普段は出会う機会の少ない若者との交流）を与える存在であり、世代間交流を促進させる役割を担っていた。また学生にとっても、カフェでの活動は、認知症や高齢者に対する理解を深め、自身や周りの人々の生活、生き方について見つめ直す機会となった。

　最後に、広川町において、学生たちは、地域の住民組織（津木地区寄合会）および行政職員（町職員、県振興局職員）とともに活動を行っている。具体的には、地域主体で実施される活動に学生が参加するケース（地域特産品のパッケージづくり、など）にくわえ、学生主催、地域共催というかたちで実施するイベントを複数回実施している。同地域では、地域づくりにおいて学生が果たす役割が質・量ともに拡充するなど、学生が地域の重要なパートナーとなりつつある。また、学生も、地域において主体的に活動することの楽しさと難しさを学ぶとともに、地域住民とともに成果を作り上げていくことに達成感を得るなど、地域における協働そのものに価値を見出すようになった。

4．域学連携と地域再生

　本章のまとめとして、域学連携と地域再生とのかかわりについて、LIP の実践事例をふまえ、（1）よきパートナーとしての大学、（2）連

携の発展性、（3）長期的な視点の必要性、の3点から検討する。

　まず、域学連携と地域再生について考えたとき、大学生や大学教員は、単なる地域づくりのマンパワーではなく、よきパートナーとなる必要がある。本章で取り上げた三つの事例において、学生は、みずからの思いに基づき主体的に活動に参画していた。このような主体的なかかわりは、学生の活動に対するモチベーションを高めるとともに、地域に新たな気づき（学生の視点や教員の専門的知見による）や活動への活力など、さまざまな効果をもたらすものであった。よって、大学が地域づくりのよきパートナーとなることは、域学連携の地域再生に対する最大の寄与ととらえられる。

　次に、連携の発展性について、活動を通じてみられた地域や学生の変容などは、協働的実践の展開過程で発現したものである。具体的には、学生が地域を知り、地域のマンパワーとなることからスタートし、地域住民との信頼関係を醸成し、小さな成果を積み上げることにより、活動や連携の質の変容が徐々にもたらされた。この点は、地域と大学との連携の発展可能性を示唆するものである。

　最後の長期的な視点の必要性については、すでに述べた2点が、地域と大学との長期にわたるかかわりによってもたらされたことからも明らかであろう。ただし、ここでいう長期的な視点とは、継続的関与の短期集中型に対する優位性を示すものではなく、いずれの形態にせよ、単年度の活動ではなく、複数年度にわたって活動を展開することの重要性を意図している（なお、本章で取り上げた事例のうち、紀美野町（小学校の地域拠点化）および広川町では、2014年度から活動を行っている）。

　本章では、域学連携と地域再生について、筆者が担当したプログラムを事例に検討した。今回取り上げた事例に限らず、LIPを実施するすべての地域において、今後も長期的なかかわりを通じて連携の内容や質を発展させていくことで、地域再生のよきパートナーとしての大学の存在意義が高まると考えられる。

【参考文献】

猪口孝（2013）「日本——社会関係資本の基盤拡充」ロバート・D・パットナム編『流動化する民主主義』ミネルヴァ書房、308-340頁。

磯田文雄（2013）「地域社会と大学」北海道教育大学旭川校地域連携フォーラム実行
　　委員会編『地域連携と学生の学び——北海道教育大学旭川校の取り組み』協同出版、
　　3-8 頁。

上野武（2009）『大学発地域再生』アサヒビール株式会社。

上野山裕士（2016）「認知症カフェにおける世代間交流——地域インターンシップ・
　　プログラムでの活動を事例に」『観光学』14 号、33-47 頁。

小田切徳美（2013）「農山村再生の戦略と政策　総括と展望」小田切徳美編『農山村
　　再生に挑む　理論から実践まで』岩波書店、225-250 頁。

小林英嗣編（2008）『地域と大学の共創まちづくり』学芸出版社。

鶴見和子（1999）『コレクション鶴見和子曼荼羅Ⅸ　環の巻』藤原書店。

和歌山大学観光学部（2015）『2014　地域インターンシッププログラム活動報告書』。

和歌山大学観光学部（2016）『2015　地域インターンシッププログラム活動報告書』。

Ⅲ
観光による地域再生について学ぶ

第17章 都市農村交流と観光

藤田武弘

1. 都市農村関係にみる新たな動き

　戦後の高度経済成長の過程で、日本の農村では若年労働力の都市流出と都市化・工業化の進展にともなう農地荒廃が進行した。その後、都市と農村との格差は一段と広がり、相互扶助の精神に象徴される集落機能も後退した。いわゆる「限界集落」は、この延長線上に発生した問題であるが、最も深刻なのは、経済効率や合理性のみを追求する考え方が横行し、農村で暮らし、農業で生計を立てることに対する農家の「誇り」を奪い去ったことであった。

　しかし、近年、都市と農村との関係に変化が生じつつある。グローバリゼーションのもとで増幅した食の安全に対する不安感や、外食・中食への過度の依存により本来密接であるはずの食と農との関係がみえづらくなっていることに危機感をもつ都市住民のなかに、地産地消やスローフードなどの考え方や取り組みへの共感が広がり、農業や農村に対する関心が高まっている。

　たとえば、地産地消の代表的取り組みである農産物直売所は、都市からの数多くの「リピーター（週1回以上の利用者）」を獲得し、"顔のみえる"流通の象徴として全国的に設置が進んでいる。学校教育においても、給食への地場産食材導入による食育推進の取り組みや農業・農村での体験型学習への期待が高まっている。さらに、近年では、団塊世代の"週末田舎暮らし"志向はもちろん、"田園回帰"とも称される若者の農村移住の動きも見受けられる。

　一方、これまで外部に対して閉鎖的と言われた農村の側でも、農村に関心をもつ都市住民や大学・企業などの力を活用して活性化を図ることの有効性に気づきはじめた。さらには、都市との交流を通じて、農業・

農村に対する理解や共感を広げようと意識的に取り組みはじめた地域も見受けられるようになった。

　そして、それらの地域に共通することは、高度経済成長期に「三ちゃん（農業）」と称され、農村に残された"脆弱な"担い手とされた農家の女性（かあちゃん）や高齢者（じいちゃん・ばあちゃん）が、加工・直売から着地型の農村ビジネスなど農業・農村の多角的事業展開の中核的な担い手として活動の幅を拡げていることである。このように、都市と農村双方の動きが軌を一にしつつあるもとで、農村再生の新たな可能性が広がっている。そして、その推進力としての役割を期待されているのが、グリーン・ツーリズムに代表される都市農村交流のあり方である。

　グリーン・ツーリズムは、農村の地域資源が社会的共通資本として多くの人々に認知され、かつバカンスに象徴される長期有給休暇制度を活用した滞在型ツーリズムが広く普及した西欧諸国で発達した考え方で、有給休暇すら完全に消化しない日本社会には馴染まないのではないかと考えがちであるが、実はそうではない。

　日本の農村には小規模な家族経営農家が多く、伝統的な集落共同体の相互扶助的な精神性も色濃く残っている。高齢者に伝わる地域資源を活かした生活の知恵や集落内での人々の深いつながりの存在が、個性豊かな日本独自のグリーン・ツーリズムを発展させているのである。リピーターとして農村での反復的滞在を志向する都市住民とともに、小規模ではあるが身の丈に合った心の通いあう交流を実現しようとする点が、日本型グリーン・ツーリズムの特徴である。

2．都市農村交流の前線基地としての農産物直売所

　1990年代以降、食の安全に対する不安を背景に、生産者の"顔がみえる"流通を実現する農産物直売所が全国的に成長を遂げている。とくに、諸外国のそれと比較して特徴的な点は、農業協同組合直営のJAファーマーズ・マーケットなど常設の大規模直売所が増加していることである。

　一般に、生産者が運営する小規模直売所と比較して、大規模直売所では生産者と消費者とが交流する機会は乏しいと想定されるが、実際は必ずしもそうではない。近年、多くの大規模直売所ではPOSレジと連動

して販売情報が出荷者に迅速に伝わるシステムが導入されており、それは結果的に生産者の営農意欲向上に寄与するのみならず、追加搬入のために直売所を訪れた生産者とリピーターの消費者とが直接交流する機会をも提供している。また、地元食材を活用したレストラン設置、食育イベントの実施や農業体験希望者の受け入れなど、多角的事業展開を図る直売所が増えはじめていることも注目される。

　直売所には、市場流通に馴染まない規格外農産物の販路としての役割や、出荷者である高齢者・女性の経営内での地位向上など、営農意欲の向上や地域農業活性化への貢献が期待されてきた。しかし、いまや農業・農村に関心をもつ都市住民を、"顔がみえる"関係から一歩進んだヒト同士の交流へと誘う前線基地としての役割が期待されている。

　たとえば、大規模直売所の先駆けとされ、年間販売額約27億円と日本最大級の実績を誇るJA紀の里ファーマーズ・マーケット「めっけもん広場」（和歌山県紀の川市）では新たな挑戦がはじまっている。同直売所の1日平均の利用者数は約2600人（年間約80万人）に及び、その多くを隣接する大阪府や周辺市町から片道1時間程度をかけてマイカーで訪れるリピーターが占める。同直売所の最大の魅力は、販売品目の約80%が、約900戸の常時出荷者が生産した地場農産物であるということである。「地産地消」を合言葉に生産者の営農意欲を引き上げた農協の地道な取り組みにより、生産者のなかに「自ら価格決定できる」ことの喜びや「自らの農産物をどのような消費者が購入してくれているのかわかった」などの経験が広がり、生産意欲を高めた農家が自給農家から販売農家に転化するなどの変化が現れている。

　また、同直売所が他の追随を許さない理由の一つに、常に消費者との交流促進を心がけている点がある。直売所出荷者を中心に組織された「体験農業部会」の存在がそれである。四つの団体を含む19名の部会員で構成される同部会は、①地域の豊かな自然に触れる、②地域の農業と農家を知る、③食料生産の役割だけでない農業の魅力を体験する、などを利用者に求めながら活動している。年間約3000名もの消費者をみずからの畑に受け入れ、各種の農作業体験プログラムを提供すると同時にリピーターの獲得にも成功し、近年では和歌山県とも連携して農家民泊や後述する農村ワーキングホリデーの導入にも積極的である。

　これらの取り組みは、生産者と直売所利用者の双方に着実に変化をもたらしている。利用者は、農作業体験を通じて食の土台をなす農の存在を身近に感じるとともに、"顔のみえる"関係を一歩進めて、農村での暮らしや地域農業全体に対する価値を認めるようになる。また、生産者にとっても、交流を通じた"気づき（鏡効果）"により、農業・農村の価値を再確認する格好の機会となっているのである。

3．農家民泊を通じた暮らしと心のみえる交流

　近年、体験教育旅行において、農家に宿泊し農作業や農村暮らしを体験できる農家民泊への期待が高まっている。民泊開設時に必要な各種法規制の緩和や、初期投資軽減に資する支援など行政の役割も重要ではあるが、最も大切なことは何のために農家民泊に取り組むのかについて明確なビジョンをもつことである。地域が、農家民泊にともなう各種の経済効果を期待すること自体は間違いではないが、目的がそれのみになると持続性が喪われることも珍しくない。

　一般に、受入業務を行う中間組織や旅行会社へ支払う手数料などを差し引いて、受入農家の手取額（宿泊・食事・体験料）は1人あたり約8000円程度とされる。体験教育旅行の受け入れが全国一の長野県飯田市の場合、1回の教育旅行の受入許容人数4名に登録農家の年間平均受入回数（8回）を乗じて算出すると、農家民泊による副収入は年間25万6000円である。たしかに、食材調達が農家同士の融通や地元商店を中心に行われることにともなう地域内関連需要の増加、農業・自然体験プログラムのインストラクター業務にともなう地元雇用の創出など地域経済への波及効果は決して小さくはない。しかし、最も負担が大きい受入農家にとって、それに見合うだけのメリットのある事業かといえば必ずしもそうではない。それでは、なぜこの取り組みが全国の農村で広がっているのか。

　それは、受入農家の多くが、経済的な価値基準では測ることのできない農家民泊の効果を実感しはじめているからである。実際に、地域コミュニティの活性化、高齢者の生きがい創出、農業・農村の地域資源の価値に対する"気づき"など、経済的指標のみでは測ることのできない農

家民泊の効果を挙げる声は多い。とりわけ、この"気づき"は、都市農村交流の「鏡効果」ともいわれ、戦後の経済成長過程で農村住民が喪った故郷への"誇り"を取り戻す契機となるという意味で、今後の農村再生を考える際の重要な視点を提供してくれる。

一方、体験教育旅行に参加した児童の保護者や学校関係者からも、短期滞在とはいえ農家の暮らしや心と触れ合うことができる貴重な体験交流機会として、農家民泊に高い評価が寄せられている。実際に、受入地域と学校とが連携して、事前・事後の教科学習との接続を図ることで、農村での体験学習がさらに高い教育効果を発揮するなどの事例も報告されている。このように、日本での農家民泊は、長期滞在が一般的とはいえ B & B（bed and breakfast：宿泊と朝食の提供を料金に含む形態）や Self Catering（自炊）を基本とする西欧諸国でのファームステイとは異なる日本独特の交流スタイルの一つとしての地位を確立している。

ここで、"気づき"について考えてみたい。それは、農村でのありのままの生活体験が、宿泊した子どもや都市住民の心に感動を与えたことがきっかけとなっている。質の高い交流の結果として、日頃の暮らしのなかでは考えることのない農業・農村の価値（たとえば、豊かな自然環境、高い食料自給率、相互扶助的な人的つながりなど）に、農村住民があらためて思いを馳せる（気づく）ことにつながっていくのである。

都市と農村との新しい関係は、農村の側が過剰にサービスを提供し、都市住民に「農村に来てもらう・魅力を感じてもらう」という媚びた関係ではない。農村での各種作業や生活体験、さらには農村住民との心の触れ合いを通じて、それを提供する側と享受する側とが対等・互恵の人間的関係のもとで相互に喜びを共有するという精神性（ホスピタリティ）が息づいた関係なのである。

4. 農業・農村の新たな担い手・理解者を育む農村ワーキングホリデー

農村ワーキングホリデーは、国際理解の促進を目的として海外での休暇機会とその資金を補うために一時的な就労機会を与える通常のワーキングホリデー制度ではない。1998 年に長野県飯田市が導入した「農業や

農村に関心を持つ都市住民が人手不足に悩む繁忙期の農村で農作業を手伝い、その代わりに農家が寝食を提供する仕組み」を指すもので、労働力不足に悩む多くの農村で関心が高まっている。

　観光目的ではない「対等平等の関係に基づくパートナーシップ事業」とされる飯田市の農村ワーキングホリデーは、毎年春と秋に 3 泊 4 日のプログラムを各 2 回ずつ実施している。開始当初 32 名であった参加者数は、近年 500 名前後にまで増え、受入農家数も 110 戸余にまで広がった。しかも、参加者の 60％を占めるリピーターの多くは、みずから直接に馴染みの農家と連絡をとり、プログラム期間中であるか否かを問わず現地に繰り返し来訪するため、実際に同市内で農作業（援農）に従事する都市住民は、先の数値を大きく上回る。参加者の年代をみると、60 歳代の夫婦または男性の参加者が増加傾向にあるが、開始当初から一貫して最も多いのは 20〜30 歳代の女性である。

　これらの取り組みが興味深いのは、農業・農村に関心をもつ都会からの参加者に対して、移住先選択の際の“お試し機会（田舎暮らしに馴染めるか否かを判断する場）”を提供するとともに、受入側の地域住民に対しては“適性の見極め機会（移住希望者を受け入れても大丈夫か否かを判断する場）”を提供するという役割を果たしている点である。農村ワーキングホリデーのリピーターが同市に移住（就農）する場合、受入農家がいわば“里親”となって、移住者の住まいや農地の確保、さらには集落内での信用力を付与する役目を果たすのである。

　実際に、その事業効果は、適期作業の能率向上、営農意欲の向上、事後的経済行為の発生などの農業振興のみにとどまらない。移住促進施策という面からみると、2006 年から 2010 年の 5 年間に飯田市役所に寄せられた相談件数 847 件のうち、実際に U・I ターンしたのは 143 件（225 名）、うち 21 件（31 名）が農村ワーキングホリデーへの参加経験をもつ新規就農者が占めている。しかも、そのほとんどが 20〜30 歳代の単身者または夫婦で、地域農業の後継者としての役割に期待が高まっている。

5．日本型グリーン・ツーリズムによる農村再生

　以上みてきたように、都市と農村の関係性が変化しつつあるなかで、

日本型グリーン・ツーリズムの地域実践は、農村再生につながるさまざまな可能性をもっている。ただし、これらの追い風を、地域再生への確実な一歩を踏み出す力に変えるためには、農村の側が地域外から農村を支えてくれる数多くの応援団との交流・連携・協働の意義を充分に理解することがなにより重要である。"高品質な生産"によって市場ブランドを確立することのみを重視してきた大規模産地ほど、生産の背後にある農家の工夫や思い、さらには農村での暮らしぶりなど"心の通う"情報を消費者に的確に伝えようとする努力を疎かにしてきたという面は否定できない。

　日本型グリーン・ツーリズムは、農産物がもつ商品的価値はもちろんのこと、それらを育んできた農村固有の「コミュニティ（都会が喪いつつある共同・相互扶助の精神）」に潜む心の豊かさの発見、さらには農作業そのものの体験を通じていのちの恵みを"いただく"ことへの感謝の気持ちを養うなど、農村生活の営みそれ自体をまるごと新鮮な学びの場として提供するものといえる。TPP 合意への参加など、さらなるグローバル化対応が求められるいま、目先の便利さや経済的な合理性のみに左右されることなく、生産者の苦労に思いを馳せながら国産農産物を買い支えるような価値観をもつ"倫理的（ethical）"な消費者を産地が主導して育成するという視点から、日本型グリーン・ツーリズムがもつ現代的意義を考える時期を迎えている。

【参考文献】

青木辰司（2010）『転換するグリーン・ツーリズム——広域連携と自立をめざして』学芸出版社。

青木義英・神田孝治・吉田道代編（2013）『ホスピタリティ入門』新曜社。

小田切徳美（2009）『農山村再生——「限界集落」問題を超えて』岩波書店。

橋本卓爾・山田良治・藤田武弘・大西敏夫編（2011）『都市と農村——交流から協働へ』日本経済評論社。

Takehiro, F. (2012) "Progress of Interaction between Urban and Rural Areas Taking Advantage of Japanese Style Green Tourism," *ACADEMIC WORLD of Tourism Studies*, Vol. 1, pp. 55-66.

第18章
森林とレクリエーション

大浦由美

1. 日本の森林とレクリエーション

　森林を中心とする自然地域におけるレクリエーション活動は、世界中で親しまれている余暇活動の一つである。一般に森林レクリエーション（以下、森林レク）とは、野外レクリエーション（以下、野外レク）のうち、活動の場として森林を利用するものを指す（伊藤 2003）。日本の森林率は約7割であり、陸域の自然地域のほとんどが森林で覆われている。そのため、野外レクの大部分が森林レクに相当するといってもよい。

　日本の森林は、急峻で複雑な地形、モンスーン地帯に属し、多雨であること、そして南北に長く気温差が大きいなどの地形的・気候的条件によって特徴づけられている。すなわち、小さな島国でありながら、北は亜寒帯林（針葉樹林）から、南の亜熱帯林（亜熱帯多雨林）まで多様な森林帯が分布している。また、標高差によっても樹種構成は変化するため、比較的狭い範囲でさまざまな森林の姿を楽しむことができる。

　一方、現在の森林面積の約4割はスギ・ヒノキを中心とする人工林である。おもに木材生産を目的として戦後に造成されたものであるが、林道が登山道を兼ねるなど、事実上、レク空間として利用されている場合も多い。また残りの6割の天然林には、たとえば東アジア最大といわれる白神山地のブナ天然林など、原生的自然を含む「奥山」の天然林のほか、集落周辺に位置し、かつて薪炭林などとして、農山村の暮らしと一体的に利用されてきた「里山」も多く含まれる。前者は1970年代まで木材生産などの対象として大々的に開発が進められてきたが、近年では稀少な自然生態系として保護されるとともに、その周辺は自然観光地として多くの人が訪れる場となっている。また、「里山」についても、今日では身近に自然を感じられるレク空間として認識されるようになっている。

2．森林レクリエーション活動の基本要素と考え方

　森林レク活動は、なんらかの活動を楽しみ、満足を得ようとする「人間」、その活動の場となる「森林環境」、そして活動を媒介する「インターフェイス」の三つを基本要素として成立する。たとえば、森林内での自然観察という活動は、それをしたい「人」と対象となる「森林環境」のほか、林内を歩き回るための「遊歩道」が必要となる。また、道迷いを避けるためには「標識」があった方がよいし、立地やコースの状況によっては適宜「水場」や「トイレ」の設置が必要となるだろう。さらに、自然観察という行為の満足度を高めるためには、当地の自然や森林を説明する「案内板」を整備したり、「自然解説ガイド」などのサービスを用意したりすることも重要である。これらの施設やサービスが「インターフェイス」に相当し、これらがあってはじめて森林は「森林レク空間」となる。要するに、森林レク施設の整備とは、この「インターフェイス」の整備にほかならない。

　インターフェイスには、ハードとソフトの2種類がある。前者には、遊歩道などの「移動施設」、キャンプ場や水場、トイレなどの「便益施設」、ビジターセンターのような「教育施設」などの各種施設整備が相当する。利用者の利便性や快適性という観点からは、これらの施設整備は望ましい反面、過度な整備は自然らしさを損ない、森林レク空間としての魅力を低下させる恐れがある。また、ひとたび自然環境を改変すれば、それを元の状態に戻すことは非常に困難である。以上の点から、森林レクにおける施設整備は、植生や地形への改変を極力抑え、自然環境への影響を最小限にすることが基本となる。ただし、利用者の多い登山道や湿原のように脆弱な自然環境においては、浸食を抑える効果のあるしっかりした歩道や木道を敷設する方が、レク利用による悪影響を最小限にできる場合がある。このような施設整備は「ハードニング」といわれ、日本のように多雨で急峻な地形を特徴とし、高標高地帯までレクエリアが及んでいるところでは、とくに重要である。

　次に、ソフト的なインターフェイスとしては、森林や自然の魅力をわかりやすく伝える「インタープリテーション」や、利用に際してのルー

ルづくりなどがある。インタープリテーションは、人々の経験の質を向上させるためだけでなく、人々の自然のなかでの行動や保護に対する意識をよりよい方向へ変化させるという利用者管理の手段としても重要な役割を果たしている（安福 2002）。また、林内道路の徒歩での利用とオフロードバイクでの利用など、タイプの異なる活動が同一の森林空間で行われることにより、互いの体験の質が低下し、対立を生じさせることがある。さらに、林業など、他の土地利用との競合が問題になることもある。こうした場合には、空間や時間を適切に分離するような規制が必要になる。さらに、利用者の集中による混雑は、自然への悪影響だけでなく、利用者の満足度も低下させる。よって、入山規制などの手段が必要になる場合もある。

　以上のように、森林レク施設の整備に際しては、適切な計画と管理が重要である。ハードとソフト両面からのインターフェイスの整備や管理を通じて、人の利用による自然環境への影響を最小限にとどめ、適切な施設配置や利用ルールの設定によって競合を回避しつつ多様なレク体験の機会を確保すること、それぞれの体験の質を向上させ、利用者の満足度を最大にすることが森林レク施設運営の基本的な目標である。

３．日本における森林レクリエーションの展開

　日本では、明治後期からの現代的な野外レク活動の導入、1931 年の国立公園法の制定など、戦前期にも森林レク活動の展開がみられるが、その本格的な発展は戦後の高度経済成長とともにもたらされた。その展開はおおよそ三つの時期に分けることができる。

　第一に、高度経済成長期における施設整備を主とした森林レク機会の量的拡大の時期である。経済発展による国民所得と余暇の増大、そして交通手段の発達によって、1960 年代早々には観光レク需要の基盤ができあがりつつあった。こうしたなかで、多くの人々が登山やスキー、バスによる周遊観光を目的として山や森林を訪れるようになった。さらに、「全国総合開発計画」（1962 年）や「山村振興法」（1965 年）などにおいて、観光レク開発が地域開発の手段とされたことから、農山村地域振興策としても積極的に進められるようになった。こうした状況は、山村や森林

地帯を新たな投資の場として位置づけることになり、当初は民間資本ベースでスキー場やゴルフ場、別荘地などの開発が進んだ。しかし、経済優先の開発による自然破壊や、過剰利用による自然環境の劣化などが次第に問題となり、健全なレク機会の提供に対して、国も対策を講じる必要に迫られた。そこで、質的にも量的にもレク資源の多くを占める国有林を中心に、計画的に森林レク施設の整備を行い、増大するレク需要に対応する体制を整えることになった。林野庁は 1969 年に「自然休養林制度」、1972 年にはこれに新たに「自然観察教育林」やスキー場などの「野外スポーツ林」、「風景林」の 3 区分を付け加えた「レクリエーションの森制度」として再編され、簡易な遊歩道から大規模なスキー場までを含むさまざまな施設の設置が進められた。

　第二に、1980 年代後半からの森林レク活動の多様化の時期である。全般的な状況としては、1987 年の「第四次全国総合開発計画」および「総合保養地域整備法」をきっかけとする民活型大規模リゾート開発ブームの最中であり、バブル経済下の一時的な景気高揚のもとで、民有林・国有林を問わず多くの森林がゴルフ場、スキー場、ホテルなどの大型開発計画の舞台となった。しかしその一方で、それまでの急激な経済成長による公害や自然破壊、緑の喪失が社会問題化し、ひいては人々の「自然、緑」に対する関心を高めることになった。こうした状況を背景に、森林レクに関しては、それまでのスキーやドライブ、ハイキングなど、おもに施設を利用したり、森林を景観として楽しんだりする活動だけでなく、森林そのものをレクの対象として楽しむ活動が芽生えはじめた。その代表的な活動が「森林浴」である。1982 年に当時の林野庁長官によって提唱されて以来、心身の健康づくりを目的に森林内を散策するというコンセプトは、健康志向の高まりを背景に瞬く間に社会に浸透していった。また、自然体験プログラムやガイドツアーなど、インタープリテーション的なサービスの導入も 1980 年代中頃から各地ではじまっている。さらに、1990 年前後には、「森林インストラクター研修」（のちに森林インストラクター認定事業に発展）などの人材育成事業も開始された。さらに、国有林のレクエリアにおいて、所轄の営林署（当時）主催で森林浴イベントを定期的に開催したり、研修を受けた職員が有料でガイドに応じる仕組みを整えたりするなど、森林レク体験の多様化が図られるようにな

ったのである。

　第三に、1990 年代から現在に至るニューツーリズムと連動した展開の時期である。大規模な開発による自然破壊や団体観光客がもたらす社会的、環境的、文化的な負の影響など、いわゆるマスツーリズムの弊害が顕在化し、これにかわる新たな観光のあり方として、エコツーリズムやグリーンツーリズムに代表されるニューツーリズムが注目されるようになった。また、国民の観光ニーズも、価値観の多様化による個人旅行化、目的地の分散化、みずからの興味や関心に適った交流や体験、学習を志向し、テーマによっては繰り返し訪れて体験をさらに深める傾向、環境や食を通じた自然や農山村・農林業への関心の高まりなど、大きく変化している。こうしたなかで、森林レクをめぐる大きな変化の一つがスキーの凋落である。1980 年代後半から 1990 年代初頭にかけて、地域開発の一環として多くの積雪地帯の山村でスキー場が開発されたが、1992〜1993 年頃をピークとして、利用客数は 5 年間でほぼ半減、2000年に入ってからは当時の 3 〜 4 割まで減少している。こうした変化は、冬場の収入をスキー場に依存してきた多くの山村にとって大きな痛手となる一方で、これらの地域をグリーンツーリズムなど、小規模かつ既存の施設や固有の地域資源・文化を活かした多様な取り組みにいち早く向かわせる原動力ともなった。これらの新たな取り組みのなかで、とくに森林レクにおいて注目されてきたのが「森林セラピー」である。森林セラピーとは、森林浴からさらに一歩進んで、森林がもたらす生理的効果を科学的に解明し、その知見を心身の健康づくりに活かす取り組みである。疾病指向から健康指向へという国の医学医療体制の変化とも連動しつつ、2000 年代初頭から徐々に森林の生理活性化機能等に関する研究が進められ、2004 年には産学官の連携による「森林セラピー研究会」（現・森林セラピーソサエティ）が発足した。2006 年から森林セラピー効果が認められた森林を「森林セラピー基地」として認定する取り組みが開始され、現在までに 62 カ所が認定されている。療養がテーマであり、長期滞在やリピーターが期待できること、保養地として展開することで、地元食材の活用による農業振興や医療従事者など新たな雇用の創出も期待できることなど、地域の資源を総合的に活かした新たな滞在型ツーリズムの核として各地で取り組まれている。もう一つ特徴的な動向として

Ⅲ

観光による地域再生について学ぶ

指摘したいのが市民による森林づくり活動の活発化である。いわゆる森林ボランティア活動は、もともとは林業不況下における手入れ不足の人工林の増加や担い手不足などの諸問題の解決を目指す市民運動、そして行政側からの森林・林業問題の一般市民への普及・啓発活動に端を発しているが、次第に「楽しみ」としての側面も注目されるようになり、森林に積極的にかかわる森林レク活動の一形態として認識されるようになった。森林ボランティア団体は 1990 年初頭ぐらいから増加しはじめ、林野庁による「森林づくり活動についての実態調査」によれば、2012 年には 3060 団体となっており、これらの団体に所属する会員数は約 22 万人と推計される（林野庁 2013）。また、こうしたボランティア活動は、登山道（トレイル）整備活動や環境モニタリング調査など、森林レクエリアの管理活動にも広がりつつある。たとえば、全長 80 km におよぶ信越トレイル（長野県・新潟県）は、地域住民だけでなく一般ボランティアも含む延べ 2000 人の協力で整備され、開通後も年間 20 回以上におよぶ整備活動を参加型で行っている。このように単に整備された施設を利用するだけでなく、良好なレク環境の維持にみずから貢献することそれ自体が楽しみとしてとらえられつつあることも、ニューツーリズム時代の森林レクの特徴といえるだろう。

4．今後の展望

　以上のように、日本の森林レクは、高度経済成長期の急激なレク需要増加への対応として、また農山村振興策として、政策的に施設整備が進められたことを一つの特徴としているが、そのために「レクリエーション施設が公共事業としてマーケティングもなく国民に使いなさいと提供」され、また「過剰な施設が奥地に整備される」一方で、インタープリテーションなどのサービスが貧弱であると指摘されている（伊藤 2003）。また、1990 年代以前に設置された施設が過半を占め、施設や設備の老朽化が各地で問題となっている。安全性や快適性の面から早急な対処が必要であるが、昨今の厳しい地方財政や市町村合併による設置経緯の不明確化、過疎化や高齢化などの影響もあり、管理運営組織の継続や施設の存続自体が危ぶまれるものも少なくない状況である。

　その一方で、近年の展開は、森林そのものを活かし、地域づくりの課題とも連動した複合的、総合的な取り組みへ、あるいは、森づくりや良好なレク環境の創出にみずからかかわるような幅広い取り組みへと変化しつつある。森林レクは、ニューツーリズム、着地型観光の時代にあって、ようやくその潜在力を発揮しはじめたともいえるだろう。

　このように、今日の森林レクは従来のあり方の見直しを含む大きな変化の時期を迎えているといえる。施設やサービスの見直しに際しては、これまで日本では重視されてこなかった利用に関する管理、すなわち人々の利用体験の多様性の確保と質の向上を考慮した整備が重要になる。また、森づくりのみならず、遊歩道管理などにおけるボランティア活動の広がりは、森林レクの管理運営そのものがニューツーリズムの資源となり、また、都市農村交流の舞台ともなり得ることを示している。このような外部からの支援を積極的に取り入れ、地元地域における管理運営体制の強化へとつなげることが重要であろう。

【参考文献】
伊藤太一（1991）「森林レクリエーションと自然休養地計画」伊藤精晤編『森林風致計画学』文永堂出版、177-216 頁。
伊藤太一（2003）「日米比較による森林レクリエーション研究の検証」『日本林学会誌』85 巻 1 号、33-46 頁。
安福恵美子（2002）「ツーリズムにおけるインタープリテーションの役割」『阪南論集人文・自然科学編』37 巻 4 号、75-81 頁。
林野庁森林利用課（2013）『森林づくり活動についての実態調査　平成 24 年調査集計結果』http://www.maff.go.jp/j/tokei/kouhyou/sinrin_katudou/index.html （最終閲覧日 2015 年 12 月 3 日）

III　観光による地域再生について学ぶ

第19章
観光と景観

永瀬節治

1．景観の個性

　非日常の世界を体験することが観光の本質であるとすれば、そこで目にする景観のありようは、観光体験と分かち難く結びついている。景観工学の中村良夫は、景観を「人間をとりまく環境のながめ」と定義しているが、日常を離れた観光という行為においてこそ、見慣れぬ環境の眺めに対して好奇心を傾け、その特徴を感得することになる。

　古来、旅のなかで目にする特徴的な土地の眺めは、さまざまな情感をともなって文学や芸術作品に描かれてきた。そうした土地にまつわる物語や人々の感性と結びついた眺めを、日本人は長らく「風景」とよんできた。多くの人々に共有される風景は、ある種の図式化を経て「名所」として定着し、旅の「見所」の一つとなった。

　ところで、「風景」の類義語である「景観」は、土地の状態を表すドイツ語 Landshaft（英語の "landscape" に相当）の訳語として、近代に日本に導入された言葉であるとされ、より客観的にとらえた眺めを指すものといえる。とはいえ、「景観」と「風景」の違いはニュアンスの程度の差でしかなく、実際にはほぼ同等の意味で用いられることも多い。なんらかの特徴を備えた「景観」が、ある情感をもって認識されることで「風景」が成立するという見方もできるが、計画論の視点にたつ本章では、これらを広くとらえ、「景観」とよぶ。

　さて、観光のなかで目にする特定の景観が、ある種の印象や感動をもたらすとすれば、来訪者の目に新鮮な、その土地の「個性」が表現されていることが、基礎的な要因になっているはずである。「地域らしさ」や「ローカル・アイデンティティ」とよばれるものを端的に示すものが、その土地に広がる景観である。

　景観の個性は、一朝一夕にできあがるものではなく、地域を取り巻く自然環境と歴史のなかで繰り広げられた人々の営みを通じて、長い時間をかけて育まれる。また景観とは、単に視覚的な「かたち」だけをとらえたものではない。人々はそこになんらかの意味や脈絡を見出して認識するのであり、景観は地域のさまざまな営みを表象する。

　ここで、景観の構成要素を、あえて分解してとらえてみる。あらゆる地域は、大小の山々と、河川や湖沼、海などの水系に抱かれ、盆地や丘陵地といった多様な地形条件のもとで成立している。そうした固有の土地の広がりのうえに、街路が張りめぐらされ、水路や港、鉄道などの基盤施設が配されている。街区は個々の敷地に割られ、そのうえに住宅、店舗、オフィスビル、工場、公共施設、学校、社寺などの種々の建物と、樹林地や農地、公園、庭、街路樹などの緑が、あるまとまりをもって存在する。これらの空間のうえで、人々が生活し、交流し、産業を営み、祭りや風習などの文化を維持している。そこには季節や時の移ろいがあり、過去から連綿と続く時間の蓄積があり、さまざまな記憶が積層している。

　景観とは、こうした多様な特色と履歴を備えた諸要素が、相互になんらかの関係性を保ちながら成り立つ複合的な存在である。このようにみると、いかなる地域の景観も、本来は多様な個性を備えているはずであるが、建築技術の工業化や、経済発展にともなう画一的な地域開発が進む現代においては、景観の個性がみえにくくなり、一般的には「特徴がない」とみられてしまう地域も少なくない。しかし逆にいえば、丹念に個性を発掘し、磨き、引き立てることで、来訪者に印象づけられる景観を生む可能性を、あらゆる地域が備えている。身近な景観にも、見所となりうる「観光資源」が潜在しているのである。

2．景観を「守る」取り組み

　地域の営みの表れである景観は、地域の発展とともに変容する。とくに都市化が著しく進んだ 20 世紀以降は、景観の個性を保全する努力が必要となった。日本では 1919 年に都市計画法（旧法）と市街地建築物法（建築基準法の前身）が制定され、都市の発展を計画的に誘導する道が開

かれる。両法のもとでは、緑豊かな環境を保全するための「風致地区」と、秩序ある街並みを維持するための「美観地区」が制度化された。しかし、戦後の復興と高度成長期を経て、都市の景観を良好に保つ試みは、経済成長を重視する時流のなかで影を潜めた。美観地区は普及せず、1960年代になると、建築物の絶対高さ制限が容積率制限に移行したことで建築形態の自由度が増し、高層建築が普及しはじめる。1968年の都市計画法（現行法）の制定により、無秩序な市街化を抑制するための区域区分（線引き）も導入されるが、実態としては十分な土地利用規制がなされず、郊外のスプロール開発が進んだ。

　戦後から1970年代にかけての景観保全の試みは、旺盛な開発圧力を背景に、それに抗する運動として再出発する。開発による景観破壊が京都や鎌倉といった古都にも及ぶなかで、1966年にいわゆる「古都保存法」が制定され、古都の文化遺産の周辺環境が保全されるようになる。一方、戦前の古社寺保存法と史跡名勝天然紀念物保存法を源流として1950年に制定された文化財保護法において、当初は町並みや集落自体を保護対象とする制度が存在しなかった。そうしたなかで、1960年代後半以降、金沢市、倉敷市、萩市、高山市などの地方自治体が独自に条例を制定し、歴史的町並みの保全を開始する。

　当時の景観保全をめぐる一方の伏線として、都市・地域開発の波が全国に及ぶなかで、地方色豊かな歴史的町並みが次第に貴重なものとなり、観光資源として見出されるようになった事実がある。各地の歴史的環境の保全を支援する財団法人日本ナショナルトラストは、1968年に「観光資源保護財団」の名で設立され、1970年に国鉄が開始した「ディスカバー・ジャパン」キャンペーンは、歴史的町並みを訪ねる個人旅行を促した。

　観光客の増加は、地域経済を潤す一方で、観光資源でもある良好な景観・町並みを損なう作用も及ぼしかねない。1971年に妻籠宿（南木曽町）で制定された住民憲章の三原則「売らない・貸さない・壊さない」は、住民による町並み保存運動の象徴として知られるが、その背景には、観光地として着目され、外部資本による観光開発が懸念されるなかで、住民が主体となって妻籠に相応しい町並み観光を実現しようとする意図もあった。

　1970 年代以降、町並み保存運動は草の根のまちづくり運動の一種として各地に伝播した。1974 年には「全国町並み保存連盟」が設立され、各地の住民組織や行政関係者、専門家などをネットワークする動きも広がる。こうして 1975 年に文化財保護法が改正され、市町村が「伝統的建造物群保存地区（伝建地区）」を定め、国が「重要伝統的建造物群保存地区（重伝建地区）」に選定する仕組みができあがった。

　同時期には都市部の景観施策も進展し、1972 年の京都市市街地景観整備条例、1973 年の横浜市市街地環境設計制度、1978 年の神戸市景観条例などを先駆として全国に広がりをみせる。バブル景気前後の 1980 年代後半から 1990 年代にかけては、都市部のマンション開発や、1987 年の通称「リゾート法」を契機としたリゾート開発等による景観破壊に対抗すべく、湯布院町（現由布市）の「潤いのあるまちづくり条例」（1990 年）、「真鶴町まちづくり条例」（1994 年）などの条例が制定され、住民による景観訴訟も生じるようになった。

　今世紀に入り、国はようやく抜本的な景観施策の重要性を認識する。国土交通省が策定した「美しい国づくり政策大綱」（2003 年）を経て、2004 年に景観法が制定され、地方自治体が地域に応じて定めた景観計画などの施策を、国が後方支援する仕組みが整えられた。また景観法の成立と同時に文化財保護法が改正され、地方自治体の景観計画のもとで、地域の生活・生業に根ざした特色ある景観地を「文化的景観」として保護する制度も誕生した。

　制度の拡充により、住民と地方自治体が主体となり、地域の景観の特性を把握し、守り・育てるための具体的な手だてを講じることが推奨される時代となった。しかしその実行は地域の意思に委ねられており、景観を保全することの意味や価値を、まちづくり全体のビジョンとともに掘り下げて共有することが求められる。

3．景観を「活かす」試み

　地域に観光客を呼び込むうえで、そこに広がる景観の質が問われるという認識は、景観法の成立が、国が「住んでよし、訪れてよし」のスローガンを掲げて観光立国政策を本格化させた時期と重なることにもあら

われている。また、情緒ある城下町・金沢、由布岳を望む温泉地・由布院、運河のある港町・小樽など、観光地として人気を集める地域のイメージは、地域を象徴する景観を保全する取り組みのうえに成立している事実がある。

　しかし、いかに固有の景観が存在したとしても、それを実際に眺めることのできる場所がなければ人々に認識されない。日本の伝統的な景勝地や回遊式庭園では、その眺めを最もよくとらえることのできる場所が設定されている。景観工学の分野では、特定の眺めへの視点が存在する空間を「視点場」とよぶ。より一般的には、優れた眺望が得られる地点を「眺望点」とよぶことも多い。雄大な自然風景を望む展望台や、高所から市街地を俯瞰する城跡のような場所にくわえ、街路や橋、公園などからも、ランドマークとなる建造物や周囲の山、街並みなどへの眺目が得られる。特徴的な眺めが得られる視点場を「眺望点」として特定することで、そこからの眺めに対する保全策の必要性が認識されるとともに、情報発信を通じて観光の見所として定着させることも可能になる。

　観光にともなう移動行為をふまえれば、固定的な視点場からの眺めをとらえるだけでは、豊かな体験は生まれないともいえる。視点の移動とともに継起的に変化する眺めは「シークエンス景観」とよばれる。京都を訪れるリピーターの多さは、社寺などの文化遺産の豊富さにくわえ、それらを取り巻く鴨川や疏水などの水辺、風情ある路地や花街、坂道と山並みなど、都市空間全体で体験されるシークエンス景観の豊かさとも無関係ではないだろう。「まち歩き」が都市観光のコンテンツとして着目されるのは、継起的な一連の体験を通じて、都市の奥深い魅力に触れたいという観光客のニーズのあらわれともいえる。

　まちを歩きながらさまざまな景観に触れることは、都市の魅力を知る第一歩だが、景観のありようをより深く理解するためには、相応の「見方」が必要となる。地域に詳しいガイドの出番ともいえるが、たとえば歴史をたどるまち歩きであれば、古地図や古写真を手がかりに歩くことで、その景観の歴史的意味が、その土地の物語とともに理解される。また、普段は入る機会のない建物や庭など、街路から目にする景観の奥にまで踏み込んで、そのまちの生活文化の内実をとらえることができれば、都市の体験はより濃密なものとなる。

図 19-1　長崎の港を望む坂道
まち歩きによって認識される個性ある都市景観。筆者撮影。

図 19-2　和歌山城の旧外堀・市堀川でのクルーズ体験
川からの視線を通してまちの魅力を発見する試み。筆者撮影。

　物語性のある多様なまち歩きを体験できる「長崎さるく」は、2006 年に博覧会として実施した企画が人気を呼んで通年化し、長崎観光に新たな風を吹き込んだ。市民みずからが地域資源を再発掘し、さまざまなコースを設定して細やかに案内することによって、地形の起伏と豊富な物語に彩られた歴史都市の魅力を引き出すことに成功している（図 19-1）。

　通常とは異なる視線からまちを眺める体験も、景観に新鮮な印象を与える。開放感と潤いを備えた水辺の眺めは、古くから庶民に親しまれ、名所として絵に描かれた例も多い。近年は都市河川を再生する動きが活発化しているが、川からの眺めを楽しむ船の運航は、新たなまちの魅力や物語を引き出す仕掛けといえる。新たな視線が、一度は荒廃した水辺の景観を向上させる地域の取り組みにつながることも期待される（図19-2）。

Ⅲ

観光による地域再生について学ぶ

図 19-3 「あらぎ島」の棚田（和歌山県有田川町）
近世からの農山村の営みを伝える文化的景観。筆者撮影。

図 19-4 五箇山の合掌造り集落（富山県南砺市）
生活・保全・観光の調和が求められる「生きた遺産」。筆者撮影。

　特定の「見方」による価値認識は、文化遺産の枠組みが広がるなかでも重要視されている。国際的な遺産保護の分野では、1990 年代以降、現代社会とは切り離された過去の遺産としてでなく、今日まで脈々と受け継がれ、生活環境の一部となっている「生きた遺産（living heritage）」を評価する視点が普及している。1992 年の世界遺産委員会において、人間と自然が相互に作用して形成された「文化的景観（cultural landscape）」の概念が、上記の視点を取り込むかたちで提示され、日本では 2004 年に、現在も生活・生業が営まれる景観地としての「文化的景観」が文化財の種別に加えられた（図 19-3）。

　文化財保護法による「生きた遺産」の保全措置は、1975 年の伝建地区制度にはじまり、1990 年代には日本の近代化を支えた建築物・土木構造物等を評価する「近代化遺産」の概念が生まれ、1996 年には 50 年以

上が経過した建造物などを「登録有形文化財」として保全する制度も設けられた。これらの施策が普及するなかで、歴史性を備えながら現在も産業・生活に利活用される物件が広く評価されるようになった。地域の生活環境に溶けこんだ「生きた遺産」は、地域の営みを象徴する景観をかたちづくる（図 19-4）。

　地域の景観を観光に活かす取り組みは、本来的には、その地に住み継ぐことの質的豊かさを確認し、それを来訪者に伝える試みでもある。地域の自画像としての景観のありようが真に来訪者の琴線に触れるならば、景観を手がかりとした観光は、地域の持続再生にも大きな力を与えるはずである。

【参考文献】

材野博司（1997）『庭園から都市へ——シークエンスの日本』鹿島出版会。
篠原修編、景観デザイン研究会（1998）『景観用語事典』彰国社。
田村明（2005）『まちづくりと景観』岩波書店。
東京大学都市デザイン研究室（2015）『図説　都市空間の構想力』学芸出版社。
中村良夫（1982）『風景学入門』中央公論新社。
西村幸夫（2004）『都市保全計画』東京大学出版会。
西村幸夫・埒正浩（2007）『証言・町並み保存』学芸出版社。
ベルク、オギュスタン（1990）『日本の風景・西欧の景観　そして造景の時代』篠田勝英訳、講談社。

Ⅲ　観光による地域再生について学ぶ

第20章
ジオツーリズム

中串孝志

1．ジオパーク

　近年、「ジオツーリズム」とよばれる観光が徐々に注目されている。ジオツーリズムの定義は難しい。本章をはじめるこの時点では簡単に「多種多様な地球の活動の産物、あるいは「大地の遺産（geoheritage）」を利用した観光のあり方である」としておく。

　ジオツーリズムの精神を最もよく体現しているのがジオパークである。ユネスコは、世界ジオパークを Web サイト上で以下のように説明している。

> UNESCO Global Geoparks are single, unified geographical areas where sites and landscapes of international geological significance are managed with a holistic concept of protection, education and sustainable development.
> （ユネスコ世界ジオパークとは、国際的に見て地学的な価値がある場所や風景が保護、教育そして持続可能な開発の全体的なコンセプトに基づいて管理される、統合された単一の地図上の領域である。）

　2015年11月の第38回ユネスコ総会において、従来ユネスコの支援事業として行われてきた世界ジオパークネットワーク（Global Geopark Networks：GGN）の活動が、International Geoscience and Geoparks Program（IGGP）として、ユネスコの正式事業となった。2015年9月時点では、33カ国120地域が世界ジオパークとして認定を受けている。その分布は中国とヨーロッパに偏っている。

　世界ジオパークの前段階のジオパーク認定もある。日本の場合は「日

表 20-1　日本のジオパーク一覧（2016 年 1 月現在）

○世界ジオパーク―8 地域
洞爺湖有珠山、糸魚川、山陰海岸、島原半島、室戸、隠岐、阿蘇、アポイ岳

○日本ジオパーク―31 地域
南アルプス、恐竜渓谷ふくい勝山、白滝、伊豆大島、霧島、男鹿半島・大潟、
磐梯山、茨城県北、下仁田、秩父、白山手取川、八峰白神、ゆざわ、銚子、箱
根、伊豆半島、三笠、三陸、佐渡、四国西予、おおいた姫島、おおいた豊後大
野、桜島・錦江湾、とかち鹿追、立山黒部、南紀熊野、天草、苗場山麓、栗駒
山麓、Mine 秋吉台、三島村・鬼界カルデラ

表 20-2　世界ジオパーク・世界遺産・ユネスコエコパークの比較

	世界ジオパーク	世界遺産	ユネスコエコパーク
対象	貴重な大地の遺産 優れた活動	「顕著な普遍的価値」を もつ自然、文化	生態系（生物多様性）
目的	保護と活用（保護・環境 教育・観光など地域づく り）	保護	保護と共生（自然と人間） （保護・環境教育・観光な ど地域づくり）
審査	4 年に 1 度の再審査	6 年に 1 度の再審査	1 回のみ
ユネスコ との関係	International Geoscience and Geoparks Program (IGGP)	世界遺産条約	人 間 と 生 物 圏（MAB： Man and Biosphere）計画
実施年	2015 年 （2004 年 GGN 発足）	1972 年条約採択（1975 年発効）	1976 年
登録・ 認定数	33 カ国 120 地域 （2015 年 9 月現在）	163 カ国 1,031 件 条約採択国 191 カ国 （2016 年 1 月現在）	120 カ国 651 件 （2016 年 1 月現在）

出所）深見（2014）の表 2-1 をもとに筆者がアップデートした。

本ジオパーク」とよばれ、それらは日本ジオパークネットワークに加盟
する。本章執筆時（2016 年 1 月）には 39 地域が日本ジオパーク委員会よ
り日本ジオパークの認定を受けており、このなかで世界ジオパーク認定
も受けているのは 8 地域である。一覧を表 20-1 に示す。この表のほかに、
ジオパークを目指す地域（日本ジオパークネットワーク「準会員」）が 16
地域ある。
　ジオパークと似たものとして世界遺産とユネスコエコパークがある。
深見聡はこれらの相互比較を示した（深見 2014）。それをもとに情報を
更新したものが表 20-2 である。

2．ジオパーク／ジオツーリズムのコンテンツと諸問題

　ジオパークで提示されるコンテンツは「地学」に関するものばかりだ、という誤解は少なくないようである。これについてユネスコは Web サイト上で次のように説明している。

> **Is a UNESCO Global Geopark only about geology?**
> 　　No!　While a UNESCO Global Geopark must demonstrate geological heritage of international significance, the purpose of a UNESCO Global Geopark is to explore, develop and celebrate the links between that geological heritage and all other aspects of the area's natural, cultural and intangible heritages.
> 　　It is about reconnecting human society at all levels to the planet we all call home and to celebrate how our planet and its 4,600 million year long history has shaped every aspect of our lives and our societies.
> **（ユネスコ世界ジオパークは地学に関するものだけなのですか？**
> 　　違います！　ユネスコ世界ジオパークは国際的にみて重要な地学的遺産を示していなければならないのですが、ユネスコ世界ジオパークの目的は、その地学的遺産とその地域の自然遺産、文化遺産、無形遺産の他のすべての面との結びつきを探求し、開発し、讃えることなのです。
> 　　すべてのレベルの人間社会の営みと私たち皆が我が家と呼ぶこの惑星とを再び結びつけるものであり、私たちのこの惑星とその 46 億年の長きにわたる歴史がどのようにして私たちの生命や社会のすべてを形づくってきたのかを世に知らしめるのです。）

　このようにユネスコは、地学的価値のあるものだけでなく、文化遺産や無形遺産を含み、かつわれわれの生活や社会との結びつきに着目すべきであることを明言している。また、正式プログラムに採択される以前にユネスコが示していたガイドラインによれば、ジオパークは「大地の遺産」の保護・保存だけでなく利用を謳っている（UNESCO 2014）。と

くに、教育だけでなく「ジオツーリズム」を通じた経済的な地域振興を重視していることは注目に値する。日本では地域振興策の一つとして熱心に取り組まれている。

　ジオパークやジオツーリズムが実際にどのようなものかを知るヒントとして、中串孝志が挙げている日本のジオパークが提示するコンテンツの代表例を紹介する（中串 2014）。

　　地球の活動によって形成された場所や風景：いわゆる絶景・景勝地、露頭、奇岩・奇石、洞穴、河川・滝・湖沼、海岸・浜などが形づくられた背景に地球のダイナミックな活動が存在する。ジオパークはこれらの観光コンテンツの成立の背景を読み解く地球科学的ストーリーを添えることで価値を高めようとしている。また従来着目されてこなかったものであっても、その地域の固有性を語るものであれば、ジオパークのなかで地球科学的ストーリーを添えることで新たな価値を付与され観光コンテンツに生まれ変わり得る。

　　地質学的な産物：岩石・鉱物、化石など。糸魚川ジオパークの翡翠、白滝ジオパークの黒曜石等があるが、ジオパークはその資源を保全しサステイナブルであることを重視すべきとされているため、それらの復元不可能な産物の採取・販売は通常はできない。

　　火山：ジオパークの多くは地域内に火山を含んでいる。箱根、霧島、桜島・錦江湾の各ジオパークのように現在も噴火するものも少なくない。また外部の近隣の火山からの影響が重要な観光資源である場合（おおいた豊後大野ジオパークは9万年前の阿蘇山からの超巨大火砕流の痕跡やそれに覆われた大地の上に形づくられた人々の暮らしが大きな観光資源である）や、現在は火山は存在しなくとも、かつて存在した巨大火山の噴火の痕跡が観光資源となっている例もある（南紀熊野ジオパークの一枚岩や虫喰い岩）。

　　温泉：火山の下に溜まった高温のマグマを熱源として温泉が湧く。必然的に火山を含むジオパークには温泉地が含まれている。山陰海岸ジオパークや南紀熊野ジオパークには活動的な火山が無いにもかかわらず有名な温泉地をもつが、この例外的に思われる事実とその背景もまた地球とその地域の固有性を語るストーリーとして提示さ

れる。

　動植物や生態系：伊豆大島ジオパーク・三原山の麓に広がる溶岩流の冷えた岩塊の上に植物が年々少しずつ増えていくさまは、植物の力強さとともに、「この景色は来年には見ることができない」ことを実感させる。南紀熊野ジオパークには2012年環境省レッドリストで絶滅危惧Ⅱ類に指定され「山里の貴婦人」とよばれる花のキイジョウロウホトトギスが見られる場所がある。山陰海岸ジオパーク・豊岡市にはコウノトリの郷公園がある。

　ミュージアム：福井県立恐竜博物館は恐竜渓谷ふくい勝山ジオパークの中核であるだけでなく、その巨大な銀色のドームがランドマークにもなっている。中国・自貢ジオパークは恐竜博物館と塩の博物館の2つが中心である。

　自然災害の痕跡：三陸ジオパークの津波被災地や島原半島ジオパークの火砕流跡、南紀熊野ジオパークの土砂災害地等、現代の被災の跡を巡る観光は、ダークツーリズムの一種であり、その地に住む人々にとってはみずからが住む土地の理解を通じた防災（減災）教育普及活動の側面もある。室戸ジオパーク沿岸部等で見られる岩石に付着したヤッコカンザシの不連続な分布は急激な海水準変動、巨大地震の繰り返しを表す。現代の被災だけでなく古来よりの天災の痕跡も提示可能である。

　地球科学的な条件を反映した生活文化：山陰海岸ジオパーク・城崎温泉周辺には当地で産する玄武岩の柱状節理を利用した町並みがみられる。伊豆大島ジオパークには古い噴火口の湾に作られ昔から漁船の「避難所」になってきた波浮港がある。

　地球科学的な条件を反映した郷土食・名産品：山陰海岸ジオパーク・香美町等で有名なカニは、日本海沿岸部の海中地形と水温構造が作り出した好漁場の産物である。箱根ジオパーク・大涌谷の「黒たまご」は当地の温泉の硫黄分により黒くなったゆで卵である。

　信仰：自然の造形物のなかには信仰の対象、「ご神体」とされてきたものも少なくない。南紀熊野ジオパークには那智の滝や神倉神社の巨岩・ゴトビキ岩をはじめ、むき出しの「ご神体」を社殿も建てずにそのまま祀った古式ゆかしい「無社殿神社」やその痕跡が多

く存在する（無社殿神社の多くは明治期の神社合祀策により廃社と
なった）。

　したがって、現実に日本のジオパークで展開されている状況をふまえ
ていえば、ジオツーリズムとは、当該地域のもつ既存の観光コンテンツ
および未活用の潜在的コンテンツを、地球科学的ストーリーによって有
機的に結びつけ、新たな価値を付与して観光客に提示するような観光の
あり方、と考えることができるだろう。また、そのストーリーは必然的
に地域に固有のものになるため、地域ブランディングの効果も期待でき
る。

　ジオパークが提示するコンテンツの多くは、目の前に実在するものを
通じて、今そこにないものを読み解かねばならないため、ガイドの役割
が決定的に重要である。そこで、各ジオパークではガイド養成に力を入
れている。

　路傍の一里塚や井戸跡をみながら、今はそこにないもの＝かつてそこ
に暮らした人々や合戦などを想像してもらう歴史観光と同じく、地球科
学的コンテンツの説明も、たとえば露頭をみながら今はそこにないもの
＝地球の過去の出来事とダイナミズムを語るわけだが、両者で決定的に
異なるのが、「ひと」の存在である。歴史観光では観客は説明を聞きな
がら仮想的に感情移入や疑似体験する対象としての「ひと」が存在する
のに対し、地球史を語る時に「ひと」はおろかホモ・サピエンスすらい
ない。歴史観光が語る人間ドラマは感情に訴える。地球科学的コンテン
ツを用いるジオツアーの場合、感情に訴えず、雰囲気にも頼らずにアカ
デミックな内容だけでお客様を楽しませなければならない。わざわざ解
説を聞くために来た人が対象である講演会などとはまったく異なり、容
易ではない。実際にジオパークを訪れる観光客は必ずしもそこをジオパ
ークと思わずに訪れる場合も多い。顧客のニーズを考慮せぬままジオツ
ーリズムの理念が先走ることは、ジオパークの現場にとっては危険であ
ろう。また、現代においてはナイーブな科学普及の考え方が通用しない
という観点からいえば、科学コミュニケーション論に立脚した理念の再
構築が必須であろう。

　日本のジオパークがはじめて世界ジオパークに認定されたのは 2009

年8月だった（洞爺湖有珠山、糸魚川、島原半島）。その後現在まで6年が過ぎ、初期に認定を受けた日本・世界ジオパークから順に4年ごとの再審査がはじまり、再認定に条件を付されたジオパークも出てきた。今後、ジオパークが本来目指していたはずの「持続可能な開発」の実効性が問われていくことは必至である。その意味で、ジオパークおよびジオツーリズムは、理念だけではなく実効性を問われる新たなフェイズに突入したといえるだろう。

【参考文献】
中串孝志（2014）「惑星科学アウトリーチのフィールドとしてのジオパークの可能性」
　　日本惑星科学会誌『遊・星・人』23巻4号、330-336頁。
深見聡（2014）『ジオツーリズムとエコツーリズム』古今書院。
UNESCO（2014）Guidelines and Criteria for National Geoparks seeking UNESCO's assistance to join the Global Geoparks Network （GGN）, http://www.global geopark.org/UploadFiles/2012_9_6/Geoparks_Guidelines_Jan2014.pdf
UNESCO "Is a UNESCO Global Geopark only about geology?" http://www.unesco. org/new/en/natural-sciences/environment/earth-sciences/global-geoparks/some-questions-about-geoparks/is-a-global-geopark-only-about-geology/（最終閲覧日2016年1月24日）
UNESCO "What is a UNESCO Global Geopark?" http://www.unesco.org/new/en/ natural-sciences/environment/earth-sciences/global-geoparks/some-questions-about-geoparks/what-is-a-global-geopark/（最終閲覧日2016年1月24日）

第21章
アーバンツーリズム

堀田祐三子

1．アーバンツーリズムの可能性

　アーバンツーリズム、すなわち都市観光という概念自体は、都市における観光行為一般を指すものであり、都市に存在する観光対象や観光資源を主たる目的として人々が都市を訪問する行為である。

　都市は政治・経済、文化の中心として、これまでも多くの人々を魅了し、惹きつけており、この意味で都市観光という行為自体は古くから存在する。ところが、現代社会において人々の移動は容易に国境を超え、世界中いたるところで観光という行為が地域経済さらには国民経済を支える主要な要素となるなかで、都市観光という概念が包含する現象や意味は、これまでのものと大きく異なってきている。

　都市は多くの人口を抱えているという点で観光需要の源であり、かつ観光目的地である。国連のデータによれば、世界の人口の50％以上が都市に居住している（UN 2006）。発展途上国の都市化はいまだ進行中であり、こうした諸都市の発展とともに都市人口の割合はさらに増加すると見込まれており、このことは都市観光の需要と供給の両側面に大きな影響を与えると予想されている。他方で、先進諸国の都市においても、産業構造の変化にともなって主要工業都市、とりわけそのインナーシティ・エリアが衰退するなかで、都市観光はその再生策として注目を集め、現在ではグローバルな都市間競争を勝ち抜く経済的基盤として、多くの都市が都市観光の可能性に期待をしている。つまり都市観光という現象は、グローバルな都市化の進展のもとで、経済的・社会的・空間的変容のインパクト・ファクターとして注目を集めているのである。

　ちなみに、最近ではアーバンツーリズムという言葉だけでなく、シティツーリズムという言葉もみられる（Maitland and Ritchie 2010, WTO

2012）。

２．アーバンツーリズムをめぐる状況

　都市観光をテーマとしたテキストや文献には、イギリスのブラッドフォードやアメリカのボルチモアがその具体的事例として取り上げられている（ロー 1997, Page and Hall 2003）。これらは工業都市としてかつて繁栄した都市であり、その衰退後、ウォーターフロントなどの低未利用地などを活用して商業施設やコンベンションセンターなどの集客施設を整備し、来訪者を多数集めた。

　日本でも 1980 年代の都市再開発ブームを機に、神戸や横浜などで集客を意識した都市機能・空間の改変が進んだ。その後、都市間競争が激しくなり、さらには観光立国政策や円安の進行も加わって、東京・大阪などの大都市や、マスツーリズムが盛んな時代に「観光都市」として知られた地方中小都市が、それぞれの都市の独自性を活かして官民総出の観光振興に取り組むようになった。

　グローバル化の進展の下、先進諸国における主要都市がいわゆる脱工業化を経験するなかで、都市は工業生産物の生産の場としてではなく、モノ・ヒト・カネを結びつける管理機能の拠点として、さらにはそこに集積するモノやサービス、情報の消費空間として、その重要性を高めていった。そこでは、工業化を前提に作り上げられてきた都市空間が、新しい機能に適合的な空間へと改変され、観光は都市に消費者を集める仕掛けとして、都市再生のプロセスにビルトインされていった。

　いまやすべての都市が否応なく世界規模での経済競争に巻き込まれており、首都や世界都市とよばれる大都市もその例外ではない。都市はこれまでの集積を維持・拡大するために、なんらかの対策を必要としている。都市観光は、観光客を惹きつけることで生み出される消費の経済効果とともに、観光振興にかかわって生まれる魅力的な都市空間・環境の創出によって、高い技能を有する労働力を都市に惹きつけ、とどまらせる効果をも有している。このため、都市観光は工業都市の再生策としてだけではなく、都市間競争下にある多くの都市の、いわゆる「生き残り策」、さらには「地位向上策」となりつつある。

　他方、観光をする側に着目すれば、観光の目的が多様化するなかで、都市に残された歴史的建造物や産業遺産、有形無形の文化遺産に関心が向けられている。くわえて、ヒト・モノ・カネ、情報の高度な集積の副産物として生じる新たな文化や価値創造の機会も、多くの人々にとっての魅力となっている。

　ヨーロッパやオーストラリアでは、近年働き方の変化にともなって観光やレジャー活動が短期化する傾向があり、都市観光はシティ・ブレイク（都市での短期休暇）として、長期滞在型の農村観光や沿岸リゾート観光に対して相対的な優位性を増してきている（大橋 2010）。もともと短期休暇が主流の日本では、都市観光はさらに適合的であるといえよう。

3．アーバンツーリズムの構成要素

　では、都市のどのような要素が来訪者を惹きつけているのだろうか。観光目的地としての都市は、その高密な物理的構造に加えて、文化的・社会的異質性の共存、多様な経済的機能、交通・物流ネットワークの結節点という特徴を有している（Jolliffe and Cave 2012）。都市はその構成要素や機能が複合的であるところにその特徴があり、したがって人々が都市を訪れる目的も、逆にいえば都市が来訪者を惹きつける理由もまた複合的である。

　たとえば、会議や研修、見本市、展示会やイベント（MICE：Meeting, Incentive, Conference and Events）に供される会議施設、美術館や博物館、劇場、コンサートホールなどの文化施設、スポーツ競技場、娯楽・遊興施設、歴史的建造物や街並みなどは、都市観光の主要な構成要素である。また、ショッピング施設やレストランやカフェ、バー、ホテルなども都市観光に不可欠な要素であるが、これらは都市観光の主目的とされにくいとの理由で二次的な要素として扱われてきた（ロー 1997）。しかし、移動が容易になった昨今においては、有名なレストランでの食事や豪華なホテルでの滞在が、都市を訪れる主要な目的になる場合があることをふまえれば、構成要素の階層性は弛緩してきたといえよう。

　上記の都市観光構成要素は、都市施設の観点から提示したものであるが、こうした場を利用して、都市に集う多様な人々が繰り広げる諸活動

III 観光による地域再生について学ぶ

とそこへの参加の機会——場を活かしたデキゴトづくり——、そしてそれらが生み出す「都市らしさ」というイメージ——たとえば先進性、新奇性、洗練さといったイメージ——も、都市に人を惹きつける要素として指摘できよう。都市のイメージの改変は、メディアの発達を背景とし、都市再開発による空間の改変や各種イベントとも結びつき、行政をも巻き込んだ「場のマーケティング」として積極的な取り組みがみられるようになった（Page and Hall 2003）。

　具体的には、大規模なコンベンションセンターや競技場、レストランやバー、ショッピングモールといった上述の主要な都市観光要素を集積させたエリア開発によって都市的魅力をもつ空間を生み出し、お祭りやコンサートなどのイベントを開催して、人々が集う機会を提供する。そこでは、訪れた人が心地よく過ごすことができるように、広い歩道や街路樹、ストリートファニチャーが配置され、各施設は全体との調和を図った外観をまとい、エリア全体が人々をもてなす空間としてデザインされる。また、都市に残る歴史的な建造物や文化遺産も、レストランやカフェなどにリノベーションされたり、歴史や地域性を表現するものとして意味づけが行われ、消費（観光）空間に組み込まれるか、消費（観光）対象そのものになる。こうして生み出された都市空間は、しばしばその歴史性や固有の場所性から離れて、新しい意味やイメージが付与され、多様なメディアを通じて、企業や人々にとってアクティブで魅力的な場のイメージとして、ひいてはその都市を象徴するイメージとして発信される。消費（観光）者は、そうしたイメージに惹きつけられ、消費のための「演出された」空間を、「演出された」ものと知りつつも楽しむのである（マッキャーネル 2012）。

　オリンピック・ゲームのような国際的なメガイベントの開催は、インバウンドによる経済効果だけでなく、競技場や交通網などのインフラ整備による大規模な都市空間の改良をともなうことと、ゲームだけでなく開催地の情報がメディアを通じて世界中に配信されることから、都市イメージの向上・改善のビッグ・チャンスとしてとらえられている。事実2012年のロンドン・オリンピックは、オリンピック開催が都市力のみならず国力を誇示する機会（ショーケース）となることを意識した諸対策を講じており、日本も2020年の開催にむけてロンドンの経験から多

くを学ぶことになろう。

4．アーバンツーリズムの課題と展望

　しかしながら、都市にとって、観光という視点から場づくりをすることは重要な経済戦略になる一方で、多くの都市が場のマーケティングを実践し、空間の改変を試みるようになることで生じる問題も指摘されている。

　第一に、都市はどこにいっても同じような消費（観光）空間としての外観を帯びるようになり、差異化を図ろうとすればするほど、その都市の固有性や地域性が希薄化・喪失するという問題である。消費（観光）者のニーズに適合しようとして行われる都市機能の転換やイメージづくりのためのしつらえは、グローバル化のなかで必然的に似通ってくるのであり、仮に集客に功を奏したとしても、それが競争上優位に働くのは一時的であることが多い。またこうした都市空間の再編は、ジェントリフィケーション（従来そこを利用していた人々を排除し、より上の階層の人々を呼び込むこと）の発生をはらみがちであり、このプロセスが社会的排除を生み出すだけでなく、地域的文脈の継承を困難にさせる。

　第二に、消費（観光）空間として創り出された空間は、消費（観光）者にとっていかに魅力的にみせるかが重要であるため、都市の複雑で混沌とした都市生活の現実を覆い隠すように、その周辺と断絶してつくられる傾向がある。そのため、同一都市内における「演出された」消費（観光）空間とそれ以外の空間との間に、経済的・社会的格差を先鋭化・顕在化させる（Judd 1999）。さらに「演出された」空間は安全性や快適性、演出のテーマ性を確保するため、しばしば防犯カメラやパトロールなどによって高度に監視・管理された空間となる。また上記のような問題をはらむ都市消費（観光）空間づくりを、行政が積極的に推進しているということに対する批判があることもあわせて指摘しておこう。

　都市観光の今後を展望するうえで、これらの諸課題を克服するためのアプローチが不可欠であることはいうまでもないが、他方で、都市が消費（観光）の空間として再編されるプロセスのなかに、空間に対する人々の美的感性の発展と、その実践が普及する契機が含まれているとい

うプラスの側面があることも見落としてはならない。

　このプロセスには、都市を訪れる人（来訪者）と、都市で働き、暮らす人（生活者）双方の、空間とのかかわりが存在している。そのかかわりは、来訪者にとっては「観る」「経験する」、生活者には「観られる」「魅せる」というものであり、この関係性が人々の、空間を美しく魅力的にしつらえることに対する意識を高める。つまり、来訪者が都市空間を観賞することで、生活者は都市空間を美しく維持したい、さらにはみずからが働きかけ美しくしつらえた空間を来訪者にもっと観てもらいたいという意識を喚起することになる。もちろん、生活者もまたどこかのまちの来訪者となり都市を観光する。そしてときにはテレビや雑誌などのメディアを通じて、自分の住む都市とは違う都市を観賞する機会をもつであろう。生活者が来訪者となり「観る」という経験を蓄積させることも、みずからの空間に対する美的感性を磨き、そうした感性をもってまちの空間を改変しようとする実践へ道を拓くことになるのである。

　生活者を、そしてまた来訪者をも間接的に巻き込んで仕組まれる都市観光空間づくりのプロセスとその結果は、人々の都市に対するシビックプライドを高める効果をももつ。空間をしつらえ、消費・利用・鑑賞することを通じて、そこがもつ固有の文化や地域性とかかわることで、人々のなかにそれらを理解し、尊重する感性が育まれるのである。こうして育まれた人々の想いや誇りを都市空間のなかに感じることこそが、都市観光の醍醐味となるのである。

【参考文献】

大橋昭一（2010）『観光の思想と理論』文眞堂。

マキァーネル、ディーン（2012）『ザ・ツーリスト――高度近代社会の構造分析』安村克己ほか訳、学文社。

ロー、クリストファー（1997）『アーバン・ツーリズム』内藤嘉昭訳、近代文芸社。

Jolliffe, L. and Cave, J. (2012) "Urban Tourism," in Robinson, P. ed., *Tourism, the Key Concepts*, Routledge, pp. 268-270.

Judd, D. R. (1999) "Constructing the Tourist Bubble," in Judd, D, R. and Fainstein, S. eds., *The Tourist City*, Yale University Press, pp. 35-53.

Maitland, R. and Ritchie, B. (2010) *City Tourism: National Capital Perspectives*, C a B Intl.

Page, S. and Hall, M. (2003) *Managing Urban Tourism*, Pearson education limited.

United Nations（2006）*World Urbanization Prospects, the 2005 Revision*, UN.

World Tourism Organization（2012）*Global Report on City Tourism-Cities 2012 Project*, UNWTO.

Ⅲ

観光による地域再生について学ぶ

第Ⅳ部

観光と文化について学ぶ

第22章
観光と文化

神田孝治

1. 文化論的転回と観光研究

　日本語の「文化」という単語は、英語では culture に相当するが、これは多様な意味を包含したものである。culture の前形は「耕作・手入れ」という意味をもつラテン語の *cultura* で、これがフランス語を経由して、15世紀はじめまでに英語に入ってきた。culture は、「耕作」や「自然の生育物の世話」が当初の語義であったが、それから複雑な過程をたどり、現在では、（1）「知的・精神的・美学的発達の全体的な過程」、（2）「ある国民、ある時代、ある集団、あるいは人間全体の、特定の生活様式」、（3）「知的、とくに芸術的な活動の実践やそこで産み出される作品」という3通りの用いられ方をしている（ウィリアムズ 2011）。

　この culture（文化）という語は、20世紀中頃には、文化人類学や文化地理学といった学問分野を中心に、特定の集団に固有の観念や行為のパターンを意味するものとして利用されるようになった。これは先の（2）の用法であり、文化は、個人を超えたところに存在する超有機体的なものと考えられたのである。しかしながら、1980年代に入ると、かかる静態的な文化の理解は人文・社会科学においては退けられ、文化という差異化されたカテゴリーを、誰が、いかなる政治・経済的関係のなかで創り出し維持するのか、といった動態的な過程が問われるようになった。そしてこのような文化に対する理解の変化を背景としながら、1980年代後半から「文化論的転回」とよばれる学際的な文化的次元への知的シフトが生じたのであり、それにともない観光研究も活発化していくことになったのである。

　人文・社会科学における文化論的転回および観光現象への注目は、資本主義社会で進行するグローバリゼーションという社会的状況が大きな

影響を与えている。この状況下においては、世界がますます均質化する
なかで、国際分業のなかで優位なポジションに位置して消費の中心とな
るために、文化資本を充実して他の場所と差異化する必要性が生じてい
る。そのため、文化資本の蓄積による観光地化が、場所の資本主義的発
達のために重要になるという状況が生じ、研究対象として観光が注目を
集めるようになったのである。くわえて、この均質化し流動性が高まる
社会のなかにおいて、「旅する文化」とよばれる場所に固着せず移動す
る文化の諸相が注目を集め、なかでも資本主義社会における象徴的な移
動現象である観光が焦点をあてるべき対象として浮上した。また、文化
論的転回における議論は、フェミニズムやポストコロニアリズムなどの
諸分野において、他者やアイデンティティの問題など、文化のはらむ権
力に注目して展開されてきたという側面もある。観光はまさにかかる問
題が密接に関係する現象であるため、文化論的な観光研究が活発になっ
たのである。

　本章では、こうした文化に注目した観光研究における主要な視座につ
いて、1895 年から 1945 年まで日本の植民地であった台湾における国立
公園の指定を例に挙げながら紹介することにしたい。

2．観光と差異

　文化論的な視座から観光について考える際に、J・アーリによる「観
光客のまなざし」に関する研究が参考になる（アーリ 1995）。アーリは、
観光という体験の一部には、日常から離れた異なる景色、風景、町並み
などに対してまなざしを投げかけることが含まれており、このような観
光客のまなざしは社会的に構造化・組織化されていると論じている。す
なわち、観光という現象には、観光客の日常との差異が重要なポイント
になっているのであり、文化は、観光客にとっての差異を構成するとと
もに、かかる差異をとらえる際の彼（彼女）ら自身の認識枠の役割を果
たす、社会的な生産物として理解されるのである。

　台湾における国立公園指定においても、こうした差異を求める観光客
のまなざしが深く関係していた。第二次世界大戦以前の日本においては、
1934 年と 1936 年に 12 カ所の国立公園が指定されたが、その候補地選

IV

観光と文化について学ぶ

考にあたって重要な役割を果たした林学者の田村剛は、1928年以降、台湾における国立公園調査にも携わることになった。そして田村は、1934年に「観光地としての台湾」と題した論考を発表し、以下のように論じている。

　　観光地としての台湾の最も重要なる要素の一つは、夫が常夏の国であり而も内地及アジア大陸から孤立した一つの島であると云ふ点である。……凡そ旅行者は日常生活からかけ離れた異国的なる環境に抱かれる事に依って無上の愉悦を感ずるものである。内地人に対して台湾は全くエキゾチックなる島であつて、自然も人文も悉く内地にあつては想像だに及ばぬもので満たされて居る。かくして台湾は内地人に対しては太平洋の楽園ハワイと極めて類似した関係にある。
　　（田村　1934）

　このように田村は、差異を求める観光客の特徴に言及しながら、「エキゾチックなる島」として台湾を位置づけ、そこが「内地人に対しては太平洋の楽園ハワイと極めて類似した関係にある」と、その南国的な魅力を論じたのである。
　こうした観光地としての台湾の価値が、国立公園の専門家から提起されたことは偶然ではない。当時の国立公園選定基準においては、必要条件としてまず「我が国の風景を代表するに足る自然の大風景地たること」を挙げていたが、続けて「即ち国民的興味を繋ぎ得て探勝者に対しては日常体験し難き感激を與ふるが如き傑出したる大風景にして海外に対しても誇示するに足り世界の観光客を誘致するの魅力を有するものたること」を掲げ、観光地としての価値を重視していたからである。
　かかる観光との関係を背景に、南国的な風景が台湾の国立公園に取り込まれることになった。台湾の国立公園は、1937年に大屯、次高タロコ、新高阿里山という3カ所が指定されたが（図22-1）、これらを候補地として決定したのは台湾総督府が1933年に立ち上げた国立公園調査会であった。この調査会は台湾総督府の役人を中心として構成されていたが、そこでは選定基準を内地と同様のものにすることを決定するとともに、すべての候補地の選定理由に観光地として有望であることや熱帯植物の

大屯国立公園

台北市

次高タロコ国立公園

阿里山　新高阿里山
国立公園

嘉義市

0　　60km

鵞鑾鼻

図 22-1　日本統治期台湾の国立公園関連図

　存在を挙げていた。台湾の国立公園には、南国的な魅力を有した観光地たることが期待されていたのである。

３．観光の経済・政治との関係と文化

　観光が国立公園に関係していた主たる理由は、経済的な問題である。台湾の場合、国立公園指定に関する議論の契機となったのは、1912 年に登山鉄道が開通してから官営の伐木地として森林経営が行われた阿里山であった（図 22-1）。伐木によって同地の森林が枯渇することが危惧されるようになったため、台湾総督府は、鉄道を維持するために国立公園化による観光客誘致を企図し、1928 年に田村剛を調査のために招聘したのである。また登山鉄道の起点にあたる地元の嘉義市は、阿里山の観光地化による地域振興を期待し、同地の国立公園指定を全面的にバックアップしていた。大屯や次高タロコといった他の国立公園もそれぞれ地元自治体の支援のもとで指定へ向けた活動を推進しており、観光による地域振興が国立公園指定と密接に連動していたのである。

　こうした国立公園の顧客としては、外国人と日本本土からの人々が想

Ⅳ

観光と文化について学ぶ

163

定されていたことが認められる。たとえば田村は、1928年の阿里山調査をまとめた『阿里山風景調査書』において、「南方支方南洋地方等に対しては最も便利な位置にある唯一の避暑地」であるため、阿里山が外国人向け観光地として価値があると説いており（田村 1930）、先の1934年の論考においては、阿里山の「熱帯的風趣」が日本本土の人々にとって魅力的であることを論じている。当時の日本における国立公園は、外国人観光客の集客による外貨獲得という経済的な目的があり、それに沿った位置づけのなかで阿里山の避暑地としての価値が、また植民地台湾と日本本土の人々との関係から、前節にもあったような南国楽園を想起させる阿里山における熱帯植物の価値が、文化的に見出されたのである。

　くわえて国立公園には、文化的な政治にかかわる問題も深く関係していた。先に国立公園の必要条件として、「我が国の風景を代表するに足る自然の大風景地たること」を挙げたが、その結果、多くの国立公園がナショナリズムと親和的な風景として当時考えられていた山岳的風景地となっていたのであり、台湾における国立公園もすべて山岳地帯であった。

　そしてこうした政治的な側面が、台湾における国立公園指定において論争を巻き起こすことになった。国立公園候補地の最終決定は、1936年に開催された第1回台湾国立公園委員会において行われたが、そこで台北帝国大学の教授陣を中心とする台湾在住の知識人たちが、3カ所の山岳的風景地の国立公園案に対して強く反対したのである。具体的には、台湾の特徴を強調するために3カ所でなく一つの国立公園を指定すること、そして観光客を誘致するためにも台湾の特徴である熱帯的風景を代表する同島南端の鵞鑾鼻一帯を国立公園に指定することを提案したのである。

　こうした意見に対して田村は、台湾と同様の面積の九州が3カ所のため、日本の基準としてはその数が適当であると反論している。また、熱帯的風景地の国立公園指定については、台湾総督府の役人が「国民の剛健なる思想並に体育の増進」のため「内地に於きましても、割合に山が選定されて居る」ことを指摘し、田村は熱帯的風景地を排除するために国立公園と観光地との違いを主張した。台湾を代表する国立公園を求めた現地の知識人たちに対し、田村と台湾総督府の役人は日本を代表する

風景たることを求めたのである。結果として、台湾の国立公園は日本を代表する風景として山岳地が選び出されたのであり、経済よりも政治的な観点が前景化するなかでなされた指定であったといえる。

4．観光と両義性・異種混淆性

　台湾南端の鵞鑾鼻は、1927 年に台湾日日新報主催で選定された台湾八景に人気投票 1 位で選ばれ、田村も先の 1934 年の論文では「非凡なる大風景地」として賞賛していた有名な景勝地であった。こうした風景地が国立公園から排除された理由は、先述の国立公園委員会の後でなされた、以下のような田村の指摘に見て取ることができる。

　　　重点は我が国民をして大自然に接して雄渾なる気宇を養はしめ強健なる身体を練へしむるに在る。殊に台湾の平地に在住する者は気候の関係上心身共にややもすれば遅緩して生気と活気とを失ひ勝ちである。冷涼なる高地に転地して心身を休養せしめ、雄大豪壮なる風景に接して気象を壮大にすることは寸時も怠つてはならぬ所と思はれる。世間動もすれば国立公園と観光地を混同しがちであるが、これは重大なる誤解である。(田村 1936)

　ここで田村は、台湾在住民を「心身共にややもすれば遅緩して生気と活気とを失ひ勝ち」にさせる悪環境の場所として熱帯的風景地をとらえており、そうした風景地を除外するために国立公園の観光地としての意義すらも否定している。熱帯的な風景は、魅力的な他所イメージとともに、悪環境の低位の他所イメージも喚起する両義的なものだったのである。

　一方の山岳地帯は、当時の台湾においては、熱帯地域における日本人の精神と肉体の劣化を防止するための重要な場所として位置づけられていた。そしてこうした観点から、台湾の首都である台北市に近接している大屯は重要な場所となった。候補地を選定した国立公園調査会においても、「台湾は空気、日光、暑熱といふ点に於て内地とは異る事情がある此の酷熱の地では国立公園の如きその計画は冷味を加へる事は特に必

要である、外客誘致といふ事も重要な事だが、又一面島民の保健上の考慮をもなすべきであり万人向きの手近なところで国立公園を選定する事は最も意義が深い」（『台湾日日新報』1934年9月5日）という意見が出され、面積が小さいがために国立公園としての資格にしばしば疑義が呈されていた大屯が国立公園に選び出されたのである。もちろん大屯でも、先に言及したように、同地の熱帯植物がその魅力として提起されていた。熱帯的なるものは、両義的な他所イメージとして、国立公園の選定に複合的な影響を与えていたのである。

　こうした両義性の問題は、観光地においてしばしば重要なポイントとして浮上するものである。たとえば、台湾における国立公園指定にあたっては、本当の手つかずの自然は、新高阿里山と次高タロコの中間にこそ存在するという指摘がなされていた。しかしながら観光地として機能するためには、交通環境や観光施設が整備された、自然的なものと人工的なものの両方を兼ね備えた両義的な場所たることが求められたのである。そのほかにも、国立公園に指定された台湾の山岳は、熱帯植物の存在が強調される一方で、日本的風景を創造するために桜の植樹が積極的に行われていたり、在住する原住民が恐怖を喚起したりエキゾティックな興味を惹く対象とみなされる一方で、そこは日本人の真正性を回復し維持するための日本的な場所とされたりしていた。このようにして、台湾の国立公園は、さまざまなものが出会い混じり合う異種混淆の場所となっていたのである。観光地を理解するためには、上述の両義性を認識するとともに、こうした多様なものが、どのような過程を経て混じり合い、いかなる文脈でどのように理解されていたのかを検討する必要があるのである。

【参考文献】
アーリ、ジョン（1995）『観光のまなざし──現代社会におけるレジャーと旅行』加太宏邦訳、法政大学出版局。
ウィリアムズ、レイモンド（2011）『完訳　キーワード辞典』椎名美智ほか訳、平凡社。
田村剛（1930）『阿里山風景調査書』台湾総督府営林所。
田村剛（1934）「観光地としての台湾」『台湾の山林』100、54-59頁。
田村剛（1936）「台湾国立公園の使命」『台湾の山林』123、6-8頁。

第23章
観光とイメージ

長坂契那

1. 観光におけるイメージ形成と旅行ガイドブック

　私たちがある場所へ行こうと考えるときに真っ先に頭に思い浮かべる
もの、それがイメージである。イメージは実際とはかけ離れている場合
もあるが、観光においては資源となることがある。たとえば、現代日本
にニンジャは存在しないが、アニメや映画の影響もあってか、観光客向
けの忍者教室や忍者ショーが人気を集めている。

　D・ブーアスティン（Daniel J. Boorstin）は観光客のもつある場所への
欲望や期待を、「疑似イベント」という概念で分析した。私たちは、映画
やテレビ、インターネットや雑誌、新聞などのマスメディアからさまざ
まな情報を得ることによって、ある場所へのイメージを創り上げる。そ
のイメージは必ずしも現実を示しているものではなく、その場所「らし
さ」をわかりやすく提示してくれる。そして観光客は、創り上げられた
イメージを現地で確認するのであり、必ずしも現地の現実そのものをみ
ているわけではない。このように、メディアによってあらかじめ創り上
げられたイメージが現実よりもリアリティをもつ現象を「疑似イベン
ト」という（ブーアスティン 1964）。現代観光とは、疑似イベントを次々
と再確認する体験ともいえる。

　こうした現代観光において大きな役割を果たすのが、旅行ガイドブッ
クである。旅行ガイドブックは、観光客がいつ、どこで、何をみるべき
かを指示するだけでなく、星の数などで見る価値がある場所かどうかま
で教えてくれる。そのうえ、常に最新情報を更新し続け、私たちに新し
い観光名所や名物を示し、「私も行きたい」「また行きたい」と思わせる。
つまり、旅行ガイドブックは、疑似イベントを強化し拡散させる重要な
メディアの一つなのである。

Ⅳ

観光と文化について学ぶ

本章では、この旅行ガイドブックを事例に、観光におけるイメージ形成について考察してみたい。具体的には、外国人向け英文旅行ガイドブックにおける「ゲイシャ（Geisha）」記述に注目して、日本のイメージがどのように形成されるのかを見ていく。

2．外国人向け旅行ガイドブックにおける「ゲイシャ」

　Lonely Planet は、1973 年にイギリス人のウィーラー夫妻の自主製作からはじまった、英語の旅行ガイドブックでは最も売れているシリーズであり、現在までに 11 カ国語で累計 1 億 2000 万冊を出版している。日本版である *Lonely Planet Japan* は 1980 年代から出版がはじまり、最新版である 2015 年版で第 14 版となる。その表紙は桜の咲く日本庭園を歩く舞妓の後ろ姿の写真であり、下部には「#1 Best-selling Guide to Japan」と表記されている。

　そして、背表紙には、表紙の写真とともに、次のように書かれている。

　　京都の芸者の踊りの眩さから禅の心を現している石庭の簡素さに至るまで、日本というところは、多くの旅に飽きた旅行者さえも魅了する力をもっている。（Rowthorn ed. 2015）

　特筆すべきは、この本が日本の旅行ガイドブックの表紙に桜と舞妓の写真を載せ、解説文のなかで日本の魅力を京都の芸者の踊りと石庭に代表させていることである。本文の「Japan's Top 25」というランキングでも、京都の舞妓・芸妓の踊りは 21 位である。

　ひるがえって、日本政府観光局が製作している外国人向け日本観光情報ウェブサイト「*JAPAN: The Official Guide*」内で紹介されている関西のモデルルートでは、神社で手を合わせる若い芸者の大きな写真と京都の街並みを歩く舞妓の写真を用いている（Japan National Tourist Organization 2016）。また、前者の写真を観光庁のホームページ内のヘッダー画像としても用いている（観光庁 2016）。ここからうかがえるのは、外国人をターゲットとした場合、芸者、とりわけ京都の舞妓や芸妓の存在が日本の代表的なイメージとして位置づけられているということであ

る。

　外国人向けの英文日本旅行ガイドブックの歴史をさかのぼっていくと、旅行ガイドブックに芸者の存在が記載されるようになったのは、1910〜1930 年代に出版されたアメリカのヒュートン・ミフリン社の *Terry's Guide to Japanese Empire* の初版（1914 年）が最初である。そこには、「ゲイシャとは、お座敷に上がって踊りや楽器を演奏して芸事を披露したり客と遊んだりして宴席を盛り上げる女性の職業であ」り、日本各地でみられるとある（Terry 1914）。芸者の項目は、二段組みで 3 ページにわたって歴史をさかのぼって詳細に記述している。

　一方、同年に日本の鉄道院が製作・出版した *An Official Guide to Eastern Asia: Vol. 2 South-Western Japan* には、京都の祇園町について、「ここでは有名なレストランや茶屋が軒を並べ、芸者ガールたちが歌を歌い三味線の音楽を奏でる音が夜更けまで響いている」（Imperial Japanese Government Railways 1914）という文章がある。京都では芸妓の妹分である年若い芸者のことを舞妓とよぶが、それが "geisha girls" と表記された。

　さらに、1933 年に鉄道省国際観光局が出版した *An Official Guide to Japan* には、次のような描写がある。「祇園町の脇にある花見小路には、歌舞練場がある。ここは芸者ガールの練習場であり、4 月には外国人には桜踊りとして知られる「都をどり」が行われるのである」（The Japanese Government Railways 1933）。ここから、外国人にとってはすでに、舞妓だけでなく、都をどりもある程度知名度があり、観光資源となっていることがわかる。

　このように、日本の『公式案内』では、京都という特定の場所と結びつけて芸者が記述されている。当時、この京都という場所は、観光名所としてきわめて重要な都市であった。

　　京都、1000 年の間いにしえの日本の首都であり文明の中心であったこの都市は、外国の旅行客にとって最も重要な訪れる価値のある場所である。……京都は、旧世界の空気が残っている。……多忙な世界と距離をおいているように、「古き日本 Old Japan」の精神が揺らめいている。（Imperial Japanese Government Railways 1933）

169

この記述に代表されるように、日本側としては、京都を外国人観光客に対して「古き日本」の雰囲気を残した、いわば「日本らしさ」を示す主要な観光名所として位置づけ、アピールしようとする意図が透けてみえるのである。

3．外国人観光客にとっての日本イメージ

　そうした日本側の意図に対し、外国人観光客はどのような日本イメージをもっていたのだろうか。テリーの旅行ガイドブックでは、日本の姿は、「他に類をみない不変の魅力をもつ国であるにもかかわらず、無数の奇妙な習慣や独特の面影の残るヴェールに覆われていて、すぐに理解することができない」（Terry 1914）ととらえられている。また、「ありのままを、誤解を避けてつねに正しく理解しようとするには、あまりに頻繁に日本がエキゾチックであると見受けられるために、目にするそのままのものを描写するには非常に困難がともなう」（Terry 1914）とも描写されている。ここで描かれた日本の姿は、「奇妙」で「独特の面影の残る」、「すぐに理解できない」「エキゾチック」な存在である。
　『外人の見た日本の横顔』は、1935年にジャパン・ツーリスト・ビューローから国際観光局創立5周年を記念して出版された。この本には、1920〜1930年間の欧米人による日本旅行の記録が残されており、当時の外国人観光客の日本観が垣間見られる。以下の引用の翻訳文は、当時記載されていたままのものである。

> 私は真の日本——西欧化しない昔のま丶の日本を求めて田舎へ旅をした。（ジャパン・ツーリスト・ビューロー 1935）

> 之は真の日本ぢやない。我々が、真の日本に到着するには、之等、近代文明の鋼鉄の殻を破らなきやならない。尤も、この殻つて奴こそは全く有難くない代物だ。少くとも、繁盛を誇る産業国、U・S・Aをあとに「珍奇」を求めて遥々海を越えてやつて来た我ら米国人にとつては…。／私は茲で「東洋」と云ふものに染色された日本及び日本人は何処でも、所謂その持つ「魅惑」を失いつつあることを

初めて知つた。（ジャパン・ツーリスト・ビューロー　1935）

　ここでは、当時、米国人に代表される外国人観光客がわざわざやってきたのは、「近代文明の鋼鉄の殻」の内側にある「真の日本」をみるためであり、それは「珍奇」かつ「魅惑」的なものとしてイメージされていたことがうかがえる。また、芸者に関しては、「私は今まで、こんなに沢山なゲイシヤ娘を見た事がない」（ジャパン・ツーリスト・ビューロー　1935）という文章のほかに、次のような文章が残されている。

　　心の幻を打ちくだく事は悲しい事だ。音に名高い日本のゲイシヤ・ガールを僕は実地に見た。然し美しいとは思わなかつた。（ジャパン・ツーリスト・ビューロー　1935）

　芸者についての記述は全 61 編中 6 篇が言及しており、この点からも、1920〜1930 年代において、芸者の存在が日本旅行の大きな要素として位置づけられていたことがわかる。
　しかし、それに対して、日本側は芸者イメージを必ずしも歓迎していたわけではなかった。具体的には、1930 年代後半の対外文化宣伝のための映画製作において、「ゲイシャ」が厄介な存在であった事実が明らかになっている。「「富士山、桜、芸者」といった、従来から欧米人に人気のある風物のうち、富士山と桜に関しては観光映画の中にふんだんに採り入れられた」が、同様に「外国人に人気があり日本独特のものであっても」、「芸者のイメージは避けられ」ていたのである（山本 2012）。

4．観光におけるイメージ形成と疑似イベント

　それでは、なぜ現代に至るまで代表的な日本イメージとして芸者が残っているのだろうか。この問いに対しては、20 世紀初頭の国際社会における日本の立ち位置から説明をはじめる必要がある。第一次世界大戦（1914〜1915 年）後の世界情勢は、アメリカを中心とした欧米諸国による帝国主義が主流であり、日本の国際的地位は相対的に高いとはいえない状況にあった。そのため、欧米諸国の抱く日本イメージが偏っていたり

観光と文化について学ぶ

間違っていたとしても、それを覆すことは容易ではなかったと考えられる。それゆえに、欧米諸国を中心とした外国人観光客のまなざしを甘受したうえで、日本側がアレンジを施して再発信したともとらえることができるのである。

　この「アレンジ」とは、芸者を京都と結びつけたことである。当時の芸者に関する外国人観光客の記述には特定の地名がほとんど登場しておらず、芸者の存在は、漠然と日本旅行全体の感想のなかで語られている。それに対して、日本の『公式案内』では、京都の祇園の紹介文で舞妓（芸者ガール）を登場させている。外国人による日本旅行イメージの代表としての芸者の出現場所を京都に限ったことは、当時の現実とは一致したものではなかった。それにもかかわらず、日本の『公式案内』では、京都という日本らしさを代表する特定の場所と結びつけて芸者を登場させた。かくして、「真の日本らしさ＝京都＝舞妓（芸者ガール）」というイメージが創り上げられた。それが現代においても日本イメージとして旅行ガイドブックに書かれており、京都は外国人観光客の人気を集めている。これこそ、「疑似イベント」の一例である。

　旅行ガイドブックは、疑似イベントを強化し拡散する重要なメディアの一つであることはすでに指摘した。旅行ガイドブックの記述には、疑似イベントを求める観光客と、それに応え、新たな構図でよりイメージを増幅させようとする現地側との応酬がみられる。ここには、観光をめぐるイメージ形成を考えるうえで重要な点が２点ある。第一に、あるイメージは、疑似イベントを期待する観光客側と観光客を受け入れる側の双方の意図や思惑が交錯した結果として形成される。第二に、両者の関係は決して対等ではなく、一方的にイメージを期待する観光客側の方が強い影響を与えやすい。観光におけるイメージとは、複雑な歴史的経緯のうえに成り立っており、さまざまな力学が働いた結果の産物である。何気なく使われているある場所のイメージは、決して中立的なものではない。その場所らしさを求めて観光すること自体が、疑似イベントを強化し、ときに大きな誤解や偏見を招く恐れがある。私たちは、まずそれを自覚することが重要なのである。

【参考文献】

観光庁（2016）「政策について」http://www.mlit.go.jp/kankocho/shisaku/index.html
　（最終閲覧日 2016 年 3 月 21 日）。

ジャパン・ツーリスト・ビューロー（1935）『外人の見た日本の横顔』ジャパン・ツ
　ーリスト・ビューロー。

ブーアスティン、ダニエル（1964）『幻影の時代――マスコミが製造する事実』星野
　郁美・後藤和彦訳、東京創元社。

山本佐恵（2012）『戦時下の万博と「日本」の表象』森話社。

Imperial Japanese Government Railways（1914）*An Official Guide to Eastern Asia:*
　Trans-Continental Connections between Europe and Asia, Vol. 2 South-Western
　Japan, Imperial Japanese Government Railways.

Japan National Tourist Organization（2016）「Visiting three unique Kansai cities」
　http://www.jnto.go.jp/eng/location/routes/g_route/golden_23.html（最終閲覧日
　2016 年 3 月 21 日）

Rowthorn, C., ed.（2015）*Lonely Planet Japan 14th edition*, Lonely Planet
　Publications.

Terry, T. P.（1914）*Terry's Japanese Empire 1st edition*, Houghton Miflin.

The Japanese Government Railways（1933）*An Official Guide to Japan*, The
　Japanese Government Railways.

Ⅳ

観光と文化について学ぶ

第24章
観光と感情

伊藤央二

1．感情と文化

　感情を考える際には、二つのアプローチが存在する（増田・山岸 2010）。一つは、感情は生得的な神経・生理学的活動であり、生命の維持にかかわる自動的な情報処理装置であると考えるアプローチである。たとえば、心拍の増加、筋肉の緊張、発汗などは、私たちにはコントロールできない感情の神経・生理学的反応である。山で突然、熊に出会えば心臓がドキドキし、逃走反応を示すといった描写は、本アプローチを説明するために心理学でよく用いられる例である。また、生まれたばかりの赤ちゃんが、嬉しいときには笑い、不満があるときには泣くといった感情は、学習して得たものではなく、生得的に備わったものだと考えられる。つまり、本アプローチに基づけば、感情は文化的慣習から独立したものだととらえられる。

　もう一つのアプローチは、こうした神経・生理学的活動としての感情を、どのように解釈するかという主観的経験に着目する（増田・山岸 2010）。つまり、感情経験には認知プロセスがかかわってくるという主張である。たとえば、怒りを感じた場面では、上述したように心拍の増加や筋肉の緊張などの神経・生理学的反応を私たちは経験するだろう。しかし、その怒りを引き起こした状況を無視して、それらの神経・生理学的反応だけでその経験を怒りとよぶことは可能だろうか。言い換えると、怒りなどの感情による自律神経系の覚醒と薬物によってもたらされる覚醒状態は同じだろうか。ほぼすべての人がこの問いには「No」と答えるだろう。北山忍は「感情の多くは、……人が組み込まれている社会的、文化的状況などとが相互に連携をとりあい、共振することによって、醸し出された一種の神経・心理・社会的複合プロセスである」（北山

1998) と主張する。つまり、本アプローチに基づけば、感情は文化的慣習と密接にかかわっているものだととらえられる。

　近年では、J・L・ツァイの一連の研究（Tsai 2007; Tsai, Knutson, and Fung 2006）によって、感情と文化の関連性は大きな注目を浴びている。ツァイは感情評価理論（Affect Valuation Theory）を提唱し、理想とする感情と実際に経験している感情は異なること、そして文化が理想の感情を形成するのに重要な役割を担っていることを主張する。具体的には、アメリカ文化は東アジア文化に比べ高覚醒の快感情（e.g., 興奮）を評価するのに対し、東アジア文化はアメリカ文化に比べ低覚醒の快感情（e.g., リラックス）を評価することを報告している（Tsai 2007）。ツァイの一連の研究からも、感情の主観的経験（認知的解釈）には文化が大きく影響を及ぼしていることが窺える。

2．観光、感情、文化

　観光と感情の関連性は、多くの先行研究で検討されてきている。とくに、これまでの研究では、快（ポジティブ）−不快（ネガティブ）といった感情の基本的次元と観光の関連性が主な研究テーマとして扱われてきた。自由時間において自発的動機によって行われる観光は（社員旅行などの特別なケースは除く）、私たちに快感情をもたらしてくれる（e.g., Mitas, Yarnal, Dams, and Ram 2012）。それではこの観光がもたらす快感情にはどのような特徴があるのだろうか。

　観光がもたらす快感情は多局面にまたがる経験である。M・クローソンと J・L・ネッチによれば、観光の局面は以下の 5 段階に分類できる（Clawson and Knetsch 1966；訳はクリーバー・マンネル 2004 を参考）。

①　期待：旅行やイベントについて想像したり計画したりする時期
②　往路：レクリエーションの場所に向かう行動
③　現場：その場所での実際の活動あるいは経験
④　復路：家までの帰路
⑤　回想：その活動あるいは経験の回想、あるいは記憶

Ⅳ

観光と文化について学ぶ

快感情は「期待」の局面から「現場」の局面まで上昇し、それ以降の局面では次第に低下する傾向にある。一方で、不快感情はこれとは逆の傾向を示すことが報告されている。近年でも、高度な統計手法を用いてO・ミタスらが、旅行者の快感情は旅行前から上昇し、旅行中でピークを迎え、旅行後から低下しはじめるパターンを実証的に明らかにしている（Mitas *et al.* 2012）。また、彼らはこの快感情の変化の傾向を感情の種類ごとによって検証し、喜び（joy）と興味（interest）の二つの快感情が顕著にこのパターンを示していたことを報告している。つまり、観光経験は喜びと興味の二つの快感情に大きく影響を与えることが窺える。

　観光の感情経験を多面的に考えると、とくに「回想」の局面に文化が大きなかかわりをもつ。これは「回想」の局面に認知プロセスが大きく影響を及ぼすためである。大石繁宏は、欧州系アメリカ人とアジア系アメリカ人を比較して、実際の快感情は二つの文化グループでは有意な差がなかったにもかかわらず、回想的快感情では欧州系アメリカ人がアジア系アメリカ人よりも高い快感情を報告していたことを明らかにしている（Oishi 2002）。これは、欧州系アメリカ人は不快感に関連づいた記憶よりも快感に関連づいた記憶に頼って回想する一方で、アジア系アメリカ人は快感と不快感に関連づいた記憶を同等に扱い回想するためであると大石は推察している（Oishi 2002）。アメリカ文化では自分の人生が肯定的であるという信条をもつことが自然と生まれ、その信条と一貫した自己報告をすることが多くなる（大石 2009）。逆に、日本を含む東アジア文化では他人と比べ幸せすぎると逆に嫌な目に遭うことが多いというような協調的な信条が浸透しているため、快感情があまり強調されない傾向にあると考えられる（大石 2009）。

　上述した感情評価理論においても観光、感情、文化の関連性が論じられている。ツァイは、理想とする感情と実際に経験している感情のギャップが、観光を含む余暇活動などの動機づけになると推察している（Tsai 2007）。たとえば、高覚醒の快感情を理想とする人はスカイダイビングなどの興奮経験をもたらすスポーツを好むかもしれない。一方で、低覚醒の快感情を理想とする人は温泉旅行などのリラックス経験をもたらす旅行を好むかもしれない。実際に、高覚醒の快感情を好む欧州系アメリカ人学生は、低覚醒の快感情を好むアジア系アメリカ人学生よりも

アクティブなスポーツに参加する傾向にあることをツァイは明らかにしている。これは、アクティブなスポーツ参加により、高覚醒な快感情が高まるためであるとツァイは推測する。

　感情評価理論でも観光関連の報告に着目すると、欧州系アメリカ人学生は香港人学生よりも身体的な負荷が大きいスポーツ活動（サーフィンやランニング）を行うことを理想的な休暇に求めていることが明らかにされている（Tsai 2007）。また同様に観光に付随したケースが多い野外レクリエーション活動においても、欧州系北米人の野外レクリエーション愛好家は高覚醒の快感情をもたらす活動（e.g., ハイキング）を好むのに対し、中国人の野外レクリエーション愛好家は低覚醒の快感情をもたらす活動（e.g., 自然風景を楽しむ）を好むことが報告されている（Walker, Deng, and Dieser 2001）。ここで再度、ミタスらの研究結果に戻りたい。彼らは喜びと興味といった二つの快感情が観光経験と大きく関連していることを報告している（Mitas *et al.* 2012）。喜びと興味は高覚醒の感情に分類されることと彼らの研究がアメリカで実施されたことを考慮すると、彼らの研究結果は日本を含む東アジア文化では当てはまらない可能性が窺える。つまり、観光がもたらす感情経験を考える際には、文化背景を考慮する必要があるといえる。

3．観光の現場への結びつき

　2015年の訪日外国人観光客数が1973万7000人（前年比47.1％増）を記録し過去最高を更新したように、日本に訪れる外国人は年々増加傾向にある（日本政府観光局 2016）。国・地域別の統計結果をみても、アメリカが欧米市場で初めて100万人を超えたように訪日外国人観光客の文化背景は多様化が進んでいる（日本政府観光局 2016）。このインバウンド観光の状況は、文化という切り口から観光と感情の関連性を精査する必要性を浮き彫りにしている。そこで最後に、観光、感情、文化の関連性がどのように観光の現場と結びつくのか考えたい。

　ミタスらは研究結果を踏まえ、旅行前の快感情を高めるためのツアー参加者の交流会や、旅行後の快感情を高めるための思い出作りサービス（写真など）を提案している（Mitas *et al.* 2012）。とくに回想的快感情が

Ⅳ

観光と文化について学ぶ

低く見積もられがちである東アジアの観光客には、旅行後の快感情を高めるフォローアップサービスを行うことで、彼らの快感情を高めると同時に訪日観光の満足度を向上させることが可能となるであろう。ツァイの感情評価理論は、外国人観光客をひとくくりにせず、彼らの文化背景を考慮したマーケティングの有用性を示唆している。たとえば、同じグリーンツーリズムでも、欧米系観光客には高覚醒の快感情をもたらす参加型のツアー内容（e.g., 実際の農業体験）が好まれるであろうし、アジア系観光客には低覚醒の快感情をもたらす観賞型のツアー内容（e.g., 農村観賞）が好まれることが予測される。

　最後に、感情評価理論を使って実際の観光現場の事例を考察してみたい。和歌山県観光協会は外国人観光客へのおすすめのツアーとして、五つのツアーをホームページ上で紹介している。そのなかの一つの自然ツアー（Nature Tours）は、レンタルサイクルでの串本町の探索、串本ダイビングパークでのシュノーケリングやスキューバダイビング、勝浦漁港でのマグロの競り見学、瀞峡でのウォータージェット船ツアーといった高覚醒の快感情をもたらす内容が多いツアーとなっている。一方で、標準的なツアー（Standard Tours）は、紀州漆器の蒔絵体験、湯浅の醬油工場の見学、梅干しづくり体験、白浜温泉入浴といった低覚醒の快感情をもたらす内容が多いツアーとなっている。ツァイの感情評価理論に基づけば、自然ツアーには欧米系観光客が興味を示し、標準的なツアーには東アジア系観光客が興味を示すことが予測できる。このように興味を示す観光客の層を予測することができれば、効率的かつ効果的なプロモーションが可能になる。

　感情は観光を研究するうえで、非常に重要なトピックの一つである。一般的に、観光が快感情をもたらすという現象は普遍性としてとらえることができる。しかしながら、観光と感情の関連性には、どの快感情の側面（e.g., 高覚醒 vs. 低覚醒）に焦点を当てるかで調査結果が文化間で変わってきてしまうという文化的特殊性も存在する。今後は、観光学においても文化比較研究を進め、感情の覚醒面以外での文化的特殊性を検証することが求められる。

【参考文献】

大石繁宏（2009）『幸せを科学する——心理学からわかったこと』新曜社。

北山忍（1998）『自己と感情——文化心理学による問いかけ』共立出版。

日本政府観光局（2016）『統計発表：2015 年 12 月および年間推計値』http://www.
　jnto.go.jp/jpn/news/data_info_listing/pdf/160119_monthly.pdf（最終閲覧日 2016
　年 3 月 16 日）

増田貴彦・山岸俊男（2010）『文化心理学［上］——心がつくる文化、文化がつくる
　心』培風館。

マンネル、ロジャーC／クリーバー、ダグラスA（2004）『レジャーの社会心理学』速
　水敏彦監訳、世界思想社。

Clawson, M. & Knetsch, J. L.（1966）"Economics of outdoor recreation," Johns
　Hopkins Press.

Mitas, O., Yarnal, C., Adams, R., and Ram, N.（2012）"Taking a 'peak' at leisure
　travelers' positive emotions," *Leisure Sciences, 34*(2), pp. 115-135.

Oishi, S.（2002）"The experiencing and remebering of well-being: A cross-cultural
　analysis," *Personality and Social Psychology Bulletin, 28*(10), pp. 1398-1406.

Tsai, J. L.（2007）"Ideal affect: Cultural causes and behavioral consequences,"
　Perspectives on Psychological Science, 2(3), pp. 242-259.

Tsai, J. L., Knutson, B., and Fung, H. H.（2006）"Cultural variation in affect
　valuation," *Journal of Personality and Social Psychology, 90*(2), pp. 288-307.

Walker, G. J., Deng, J., and Dieser, R.（2001）"Ethnicity, acculturation, self-construal,
　and motivations for outdoor recreation," *Leisure Sciences, 23*(4), pp. 263-283.

IV

観光と文化について学ぶ

第25章
観光とサステナビリティ

加藤久美

　世界観光機関（UNWTO）は、1999年にチリのサンチアゴで開かれた総会において、「世界観光倫理憲章（*Global Code of Ethics for Tourism*）」を採択している。採択の目的は「開かれ、自由化された国際経済の文脈の中で、社会のあらゆる部門によりその利益が共有される、衡平等で、責任のある、持続可能な世界観光の秩序を促進する」（UNWTOアジア太平洋センター 2016）とされる。本憲章は法的な拘束力はもたないが、自主的な行動指標として「持続可能性」すなわちサステナビリティが基本となっている。本章では、このサステナビリティという理念の形成を振り返り、それがどのようにツーリズムにおいて浸透してきたのかという点について、研究事例をとおして確認することにしたい。

1．サステナビリティ

　環境学の基礎文献の一つ、レイチェル・カーソンの『沈黙の春』（1962年）から50余年、人間社会が与える環境への負荷についてはさまざまな議論がなされてきた。とくに1960〜70年代は、社会の急激な発展の結果としての環境劣化が顕著になり、その反省として環境保全の意識が高まった。それは、国際環境団体WWF（1961年）、IFAW（1969年）、FOE（1969年）、Greenpeace（1971年）の発足、「地球の日」（1970年4月22日）や「世界環境の日」（1972年6月5日）の設定、また、『コモンズの悲劇』（ハーディン 1968）、『動物の解放』（シンガー 1975）など、現代も環境思想に影響を残す各著書の出版などからもうかがえる。この時代、環境が文字通り地球規模の問題であり、その研究、政策、アクションにおいて各国間の連携が必要であることが共通認識となったことは、一連の国際会議や宣言にもみられる。1972年の「国連人間環境会議」に向けて作成された報告書「かけがえのない地球（*Only One Earth*）」（Ward and

Dubos 1972）では「地球の資源は無限ではなく、人口増加、過剰消費は資源の枯渇につながる」ことが明文化された。これはまた、ローマクラブが発表した「成長の限界（*Limits to the Growth*）」（1972 年）のなかでも提唱され、「人間環境宣言」（1972 年）に活かされた。ここで地球の有限性とは、単に資源には限りがある、というだけでなく廃棄物処理や再生能力を含めた「地球の容量（Carrying capacity）」を意味している。続いて、1980 年国際自然保護連合（IUCN）と国連環境計画（UNEP）でまとめた「世界保全戦略」においてはじめて、「サステナブル・ディベロプメント（SD）」というコンセプトが提唱される。それは 1984～87 年に開かれた「環境と開発に関する世界委員会」による報告書「我ら共有の未来（*Our Common Future*）」で定義づけされ、その後、1992 年の「環境と開発のための国連会議（地球サミット）」での「環境と開発に関するリオ宣言」や「アジェンダ 21」で多岐にわたるアクションプランとなっていく。こうして、サステナビリティを世界共通の理念（グローバル）とし、各国、各地域で具体化していく（ローカル）、*Think global Act local* という理念が広まった。

　「我ら共有の未来」で SD は、「将来の世代のニーズを満たす能力を損なうことなく、今日の世代のニーズを満たす開発」と定義された。この定義には多くの批判もあるが、そこに提唱される考えは、先に挙げられた地球資源の有限性にくわえ、今日の環境問題は時空を超え、大規模、長期的な視点に立って対応しなければならないという認識、開発による公害、汚染や森林破壊など目にみえるもの以上に問題は複雑だということ、そのみえない問題の広がりは、多数の要因が絡み合ってさらに複雑化するため、加害・被害の因果関係が明らかでない、といった考えを含んでいる。またここには、今の世代が現在享受している環境よりも劣化したものを未来に渡してはならない、という未来への配慮（世代間公正（倫理））の概念が含まれている。さらに、環境に対する責任は「共通でありながら、それぞれ性質が異なる」ともされたが、南北格差問題、政治的・社会的弱者など、世代内にある不平等、人権、社会福祉の問題（世代内公正）も、サステナビリティの一部として認識されている。南北問題には、人口が世界の 22％ ほどでありながら GDP の 90％ が集中するいわゆるグローバルノース（発展国地域）に対し、グローバルサウス

Ⅳ

観光と文化について学ぶ

（途上地域）は気候変動や災害の影響を受けやすいという点も考慮される。南北格差を是正する取り組みは健康、教育、識字、社会福祉など多岐にわたるが、環境問題の多くは北諸国の発展の足跡であること、その結果が南諸国にも及ぶという不公平さへの取り組みといってもよい。また、政治的・社会的弱者の福祉を向上させる課題には、障がい者や経済的弱者の社会参加、ときには「第四世界」ともされる前植民地の先住民の社会福祉や教育の向上も含んでいる。この世代内公正は、人間以外の種の尊重も包含している。70年代にノルウェー人哲学者ネスによって提唱された「ディープエコロジー」では、すべての生命は人間の利益にかかわらず独立した価値をもつことが提唱されている。これは、さらにさかのぼってレオポルドが提唱した「土地倫理」、すなわち自然は人間が征服するものではなく、人間は生態系という「共同体の平凡な一構成員にすぎない」（Leopold 1949）という考えと共通する。このような、いわゆる「人間非中心主義」は、のちにナッシュによる『自然の権利』（1989年）で明確化され、「自然の生存権（生態系倫理）」として認識されていく。先の『動物の解放』の著者シンガーが主張した「種差別」も同類の考えである。この生態系倫理は、地球の有限性、世代間公正と並ぶ環境倫理の三つの命題とされている。手つかずの自然の「保存」、また、急成長にともなう公害、汚染からの「保護」から生態系全体の「保全」へと、環境思想は大きく発展し、現在は自然環境、社会的、経済的持続性という三つの側面の均衡（*Triple Bottom Line*, Elkington 1997）が保たれる状態をサステナブルとすることが共通意識となった。

　また、気候変動など一連の環境変化は、人為的なもの、すなわち、文明社会がもたらしたもので、その倫理的責任は文明の恩恵を享受するすべての者にあるという考えが出てきた。そのような考えに、大気化学者P・クルッツェンが、2000年に生態学者E・ストーマーとの共著で提唱し、広く普及させた「アントロポセン（*Anthropocene*、人間世、または、人類の時代）」（Cruzten and Stoermer 2000）がある。この考えによれば、文明による環境への影響は、化石燃料の利用、とくに18世紀の産業革命以来顕著となり、気候変動などの環境危機はアントロポセンの時代がもたらした問題である、とする。このような思想は、近年頻発する一連の災害と相まって、その対処を緊急課題としただけでなく、その責任者

が一部の「汚染者」や「破壊者」ではなく、地球上に生きるものすべてにあることを提示した。その責任は、未来の（人類の）世代に対するものであることはもちろんのこと、20 分に 1 種の種が失われ、今世紀末には現在生存する種の 50% が失われる「第六の絶滅期」ともいわれる今日、生態系を成す多様な種の存続への責任（生態系倫理論）でもある。

　このように、地球の有限性、世代間公正、世代内公正、生態系倫理をもとに、サステナビリティ理念が形成し、それはとくに気候変動の顕著化とともに「人類の時代」に生きる者全員の責任と認識されてきた。21 世紀が「環境の世紀」（Worthington 1982）とされるのは、環境問題への対処、解決方法を見出していく課題を担うのが今世紀だという考えからで、すべての社会活動に環境への配慮が求められている。では、この理念がツーリズム研究ではどのように考えられているか、次節において確認したい。

2．サステナビリティとツーリズム

　「サステナビリティ」という用語を使ったツーリズム研究の歴史は、30 年ほどとされる。サステナビリティの理念が環境への過度の負荷や破壊への反省から発展したように、ツーリズム研究におけるサステナビリティもマスツーリズムのさまざまな弊害（大量生産と消費による負荷）への反省、その「オルタナティブ」の模索から生まれたといえる。そして、サステナビリティの理念が、手つかずの自然の保存、開発に起因するさまざまな弊害や破壊からの保護、生態系の保全、共生と利用、と発展していった過程に沿い、サステナブル・ツーリズム（ST）も、ツーリズムのよりサステナブルなあり方を探求する枠組みとなっていった。

　サステナブル・ツーリズムの定義はさまざまなものがあるが、共通してブルントラント報告書での定義に沿い、経済、社会・文化、環境の三つの側面のバランス、将来への配慮（世代間公正）、社会正義（世代内公正）、生態系倫理の理念が基盤となっている。

Sustainable tourism development <u>meets the needs of the present tourists and host regions while protecting and enhancing the</u>

Ⅳ
観光と文化について学ぶ

opportunity for the future.　It is envisaged as leading to management of all resources in such way that economic, social and aesthetic needs can be fulfilled, while maintaining cultural integrity essential ecological processes, biological diversity and live support systems.（WTO 1996、下線は筆者）

　「ニューツーリズム」のように、地域の容量を超えない、自然環境や遺産の価値を高め、訪れる者に教育効果がある、などの考えはこれ以前に存在していたが、マスのかわりとしての「オルタナティブ」への模索を出発点に、生態系にダメージを与えない、環境保全に貢献する、教育的効果のある「エコツーリズム」、そして、規模や形態にかかわらず「あらゆるツーリズム活動が目指すべき理念」（Clarke 1997）として「サステナブル・ツーリズム」は発展してきた。ミラーらは、「ST が批判の対象になるのは、そのコンセプトに非があるのではなく、（ツーリズムセクターが）その複雑な進行性のある知識を身につけようとしないことにある」（Miller and Twining-Ward 2005）とし、ST 理論は発展し続けるべきものであることを示している。ST 研究では、このような定義の問題にくわえて、以下のような議論がなされている。

　ブッチャーは、エコツーリズムをライフポリティクス（生き方の積極的な選択）と定義しているように、ツーリズムへの参加は、環境によりよいライフスタイルの選択や環境保全への積極的な貢献、という倫理的な選択に基づくべきとしている（Butcher 2008）。それは、「氷河が解ける前に」、「ホッキョクグマが絶滅する前に」見届けようというような「ラストチャンスツーリズム」の倫理を問うことにもなる。その地に出かけることそのものが環境悪化につながる可能性があるからだ。このような生態系倫理、環境倫理に基づいたツーリズムは、「責任ある」「モラル」ツーリズムとされる。

　環境へのインパクトに関する研究は近年気候変動を中心として行われている。S・ゴスリンは、ツーリズムの環境への影響として、土地開発、エネルギー消費、野生種絶滅、水消費、移動を挙げているが、とくに移動、すなわち交通手段から発生する CO_2 排出量が ST の大きな課題となっていると指摘している（Gössling 2002）。交通手段は全 CO_2 排出量の 3

分の1とされおり、ツーリズムによる GHG はその約14%（CO_2 だけで5%）であり、2035年までには 2005 年比で 150% の増加が見込まれる。世界旅行ツーリズム協議会（WTTC）は 2009 年の報告書で、ツーリズムにおける排出量削減目標は 2020 年までに 25～30%、2035 年までに50% とすべきだとしている。今後コスタリカ、モルディブ、セイシェルのように、CND（カーボンゼロのデスティネーション）（Gössling and Schumacher 2010）を目指す地域も増えてくると考えられるが、世界的なエミッション減、省エネルギー、資源節約のなかで、ツーリズムがいかにサステナブルな方向に転換できるかは大きな課題だといえる。

　気候変動が「モラルの問題」であるように、今日サステナビリティは「社会正義」の一部ととらえられる。それは、根底にある環境倫理、三つの柱のバランスという概念、そして単に「環境持続性」ではなく「社会正義、平等、環境すべてを含むサステナビリティ」意識である。ヒギンズ・デスビオレスは社会正義を主眼としたツーリズムを「ジャスティス（正義の）ツーリズム」とし、そこにはオルタナティブツーリズム、エコツーリズム、ST のほか、ボランティアツーリズム、また、プロ・プア・ツーリズム（貧困軽減をめざすツーリズム）が含まれるとしている（Higgins-Desbiolles 2008）。南北格差の是正、文化の多様性、景観保全、生物多様性保全などの根底にある社会正義や倫理は、今後ツーリズムがよりサステナブルな生き方、視野、行動を推進していくためには重要な土台となる。

3．よりサステナブルな社会をめざして

　サステナビリティの3本柱と同様に、そしてまた ST の研究分野が示すように、ツーリズムが環境、社会、経済の持続性のバランス維持に寄与する可能性は高い。しかしながら、そのためには、政策、企画、消費など一連の段階でよりサステナブルなオプションを選択し、それを生き方の積極的な選択、すなわち、ST にかかわる、参加することがよりサステナブルな社会を築く一環となるよう、関係各者が役割を担っていくことが必要である。

　古来からの生活のなかにある環境との共生の知恵や知識を「環境民俗

IV
観光と文化について学ぶ

知」とする考えがある。それには、自然を利用する生業、伝統技術、信仰、神事、祭事、民話といった、人間が自然から恵みを受けるための知恵や技術、生き方、関連する文化、畏れ、戒め、感謝の表現が含まれる。地域特有の自然、そこから生まれる多様な文化、生活、民俗など、地域に根ざした地域によるストーリーづくりは特徴ある地域づくり、持続可能な発展の土台であり、訪れるものへの魅力ともなる。同時にツーリズムは、語り継がれた伝統の知恵、技術、精神性、そしてそこに培われた文化を広く伝え、維持していく重要な手段でもある。つまり、サステナブル・ツーリズムは、持続ある観光のあり方であり、持続性ある地域の特徴、文化、精神を伝える手段だと考えられる。近年ではレジリアンス（回復力）をサステナビリティに代わるコンセプトととらえる見方もあるが、民俗知を地域のレジリアンスとして、共生の道を探ることは、今日の気候変動、災害への対策としても重要になるといえる。

【参考文献】

Butcher, J. (2008) "Ecotourism as Life Politics," *Journal of Sustainable Tourism*, Vol. 16(3), pp. 315–326.

Clarke, J. (1997) "A Framework of Approaches to Sustainable Tourism," *Journal of Sustainable Tourism*, Vol. 5(3), pp. 224–233.

Cruzten, P. and Stoermer, E. (2000) "The 'Anthropocene'," *Global Change Newsletter*, 41, pp. 17–18.

Elkington, J. (1997) *Cannibals with Forks: the Triple Bottom Line of 21st Century Business.* Capstone.

Gössling, S. (2002) "Global Environmental Consequences of Tourism," *Global Environmental Change*, 12, pp. 283–302.

Gössling, S. and Schumacher, K. P. (2010) "Implementing Carbon Neutral Destination Policies: Issues from the Seychells," *Journal of Sustainable Tourism*, Vol. 18 (3), pp. 377–391.

Higgins-Desbiolles, F. (2008) "Justice Tourism and Alternative Globalization," *Journal of Sustainable Tourism*, Vol. 16(3), pp. 345–364.

Leopold, A. (1949) *A Sand County Almanac*, Oxford University Press.

Miller, G. and Twining-Ward. L. (2005) *Monitoring for a Sustainable Tourism Transition*, CABI, p. 4.

UNWTO アジア太平洋センター (2016) 世界倫理憲章 (*Global Code of Ethics for Tourism. For Responsible Tourism.* 1999. UNWTO) UNWTO アジア太平洋センター訳。

Ward, B. and Dubos, R. (1972) *Only One Earth: The Care and Maintenance for a*

Small Planet. Report prepared for the UN Stockholm Conference on the Human Environment. Norton.

Worthington, E. B.（1982）The Ecological Century. *Environmental Conservation*, 9(1), pp. 65-70.

WTO（1996）*What Tourism Managers Need to Know*, WTO.

WTTC（2009）*The Travel and Tourism Industry Sets the Standard on Climate Change*, http://www.wttc.org 最終閲覧日 2016.3.20

Ⅳ

観光と文化について学ぶ

第26章
観光とジェンダー

吉田道代

1．ジェンダーの概念

　ジェンダーとは、一般的には性別を意味し、生物学的器質・身体・精神・行動に表れる性のありようをあらわす言葉である。しかし、両性間の平等や女性に対する抑圧からの解放を目指すフェミニズムの立場にたつ人々は、ジェンダーを文化・社会・心理的性別という意味で用い、これを生物学的性別（sex）から区別した。この概念に基づき、ある事象が両性の区別を生産し、再生産する社会的諸過程に能動的にかかわっている状態は、とりわけそれがどちらかの性に不利に働く場合には、「ジェンダー化する」あるいは「ジェンダー化されている（gendered）」と表現される（ピルチャー／ウィラハン　2009）。

　ジェンダーの概念は、性的な役割と両性の関係性について、そのすべてが生まれながらに決まっているのではなく、社会的に構築される部分が大きいという解釈に基づいている。そして、この概念に基づく研究は、両性間の相違の分析にとどまらず、所与のものとされた相違の根拠を問い直し、平等で公平な両性の関係やこれを実現するための社会のありようを模索するという目的につながる。

　ジェンダーの概念については、男女の二元化したカテゴリーへの批判があり、異性愛を前提としたアイデンティティおよび関係性の理解の仕方にも異議が唱えられている。しかし、こうした欠点は認められるものの、人々の関係性や役割における性別に根ざす不平等や特徴を把握するうえで、この概念の有効性が失われたわけではない（ピルチャー／ウィラハン　2009）。

　そこで、本章は、ここで説明したジェンダーの概念が、観光研究においてどのような意義をもつのか、また、日本の観光研究にどのように応

用されうるのかについて検討していきたい。以下では、まず、観光とジェンダーにかかわる既存研究について、この分野の研究を牽引した英語文献を中心に概観する。そして、ジェンダー化された観光事象の一つとして、日本における観光宣伝ポスターについて考察したうえで、今後の日本の観光研究におけるジェンダー概念の意義や研究の方向性について論じることとする。

2．観光とジェンダーの研究動向

　文化・社会・心理的性別というジェンダーの概念は、1970 年代に一般的に使用されるようになり、他の学問領域と同様、観光分野にも浸透した。そして、1980 年代に入ると、観光とジェンダーに焦点を当てた本格的な調査・研究が増加した。とくに注目が集まったのは、この時期に国際的に成長・拡大したセックス・ツーリズムであった。そこでは、経済格差、そして白人を頂点とする人種的な秩序を背景とした観光と性サービスの結びつきに関心が寄せられ、女性のサービス提供者に対する男性旅行者や雇用主・斡旋業者による経済的・性的搾取が問題として提起された。

　1990 年代半ばには、その後の観光とジェンダーの研究に大きな影響を与える三つの論文集（Kinnaird and Hall eds. 1994, Swain 1995, Sinclair ed. 1997）が刊行された。これらの論文集は、それぞれ観光開発、旅行者（消費者／ゲスト）とサービス提供者（ホスト）との関係、観光労働を中心テーマとするが、ジェンダーをより広い社会関係の一部および社会過程の形成要素ととらえ、これが観光の実践にどのように組み込まれているかを解明しようとする点において共通している。そして、こうした観光の実践を通じて再構築されたジェンダーが社会関係に及ぼす影響もまた、重要な研究課題とされた。これらの欧米の研究成果を受けて、日本でも 2003 年に石森秀三と安福恵美子の編集による『観光とジェンダー』と題する論文集（石森・安福編 2003）が上梓されている。

　ジェンダーと観光にかかわる研究テーマとしては、ロマンス・ツーリズムも挙げておく必要があるだろう。ロマンス・ツーリズムとは、南米や東南アジアなどのリゾートで、欧米の女性旅行者が現地の男性と恋愛

IV
観光と文化について学ぶ

や性的な関係をもつ現象をあらわす言葉である。学術的に注目されはじめたのは1970年代であるが、1990年代に入り、こうした女性旅行者の行動や旅行先地域への影響に関する研究の蓄積が進んだ（Bauer and McKercher 2003）。

　これらの研究では、旅行先でのロマンスを求める欧米の女性は、経済力で優位に立ち、また白人として人種的にも有利な立場によって、現地の男性から恋人としての扱いや性的なサービスを受けるということが明らかにされた。そして、こうした女性旅行者の増加に対し、受け入れ地域では、経済的利潤を得る好機と考えた男性によるロマンス・ビジネスとでもいえるような自営業的な活動が活発化したことが報告されている（Dahles and Bras 1999, Herold *et al.* 2001）。

　このように旅行先の発展途上国で現地の男性とロマンスを楽しむ欧米の女性は、経済力と人種的優位性を背景に現地の人々を性的に消費するという点において、セックス・ツーリズムで批判された男性と大きな違いはないようにみえる。しかし、女性旅行者のこうした行為には、セックス・ツーリズムにかかわる男性旅行者とは異なる肯定的な評価もある。それは、女性が日常生活では行わないような性的に自由な行動を旅行中に実践することで、男性との関係における主体性を獲得し、これがその女性のエンパワーメントにつながるという解釈である（Berdychevsky *et al.* 2013）。他者を性的に利用してのエンパワーメントの肯定には疑問が残るが、その旅行者が日常生活を送る社会のジェンダー関係も含めて考察することで、旅行先でのロマンスや性的な行動およびその影響の意味づけが両性の間で異なるという点は、注目に値する。

3. 観光プロモーションにおけるジェンダー表象

　次に、日本におけるジェンダー化された観光事象として、観光プロモーションで使われる女性のイメージを取り上げる。観光プロモーションでは、旅行者のまなざしの対象となる他者の構築が行われるため、ジェンダー・ステレオタイプ的なイメージ形成が行われやすい（安福 2003）。ここでは、そうした観光プロモーションにおける女性の他者化の例として、観光宣伝へのアニメ絵の少女キャラクターの利用についてみていこ

う。

　2015 年、日本では二つの市の観光宣伝のキャラクターが話題をよんだ。一つは、三重県志摩市の観光推進に使われた 17 歳の海女をイメージした「碧志摩メグ」、もう一つは、岐阜県美濃加茂市の観光宣伝ポスターに使われた小説『のうりん』に登場する女子高校生「良田胡蝶」である。どちらもアニメの画風で描かれた「萌えキャラ」で、その絵が「性的すぎる」として批判され、新聞の全国紙にも取り上げられるニュースとなった。ここでは、美濃加茂市の事例に焦点をあて、詳細を説明する。

　『のうりん』は、農業高校の男子高校生を主人公とした青少年向けライトノベルで、2011 年に 1 巻が出版され（2016 年 3 月現在で 12 巻まで刊行）、その翌年にコミック版の刊行がはじまった。また、2014 年にはアニメとしてテレビ放映も開始している。美濃加茂市にある公立の農業高校をモデルとし、作中では、モデルとなった地域や高校が明らかになるように描かれ、実在の人物も登場する。

　美濃加茂市自治体は、作者に対して執筆のための取材の段階から協力し、作品とタイアップした観光宣伝も行われた。市の観光協会は、アニメ化を機に『のうりん』に登場する場所めぐり（アニメ聖地巡礼）用のアプリを配信し、2014 年 9 月から 2015 年 2 月にかけては、作品の登場人物を掲載したポスターを作成して、協賛商店をめぐるスタンプラリーを 2 回実施した。観光協会は、この期間中に多くの人々が同市を訪れたことに手ごたえを感じたようだ（『朝日新聞』2015 年 12 月 3 日付記事）。そこで、2015 年に 3 回目のスタンプラリーが開始された。

　3 回目のスタンプラリーの宣伝用ポスターでは、胸の大きさがひときわ目立つという設定の女性キャラクター（良田胡蝶）が起用された。眉をひそめて困惑の表情を顔に浮かべ、胸元が開いた服装で、みぞおちあたりで腕を交差し胸を強調するようなポーズをとる少女のポスターは、インターネット上で激しく批判され、観光協会は急遽、別の女性キャラクターを中央に配したポスターに差し替えた（『朝日新聞』2015 年 12 月 3 日付記事）。

　このポスターをめぐる騒動については、性的印象が強いキャラクターを選んだことが問題のようにいわれてきた。しかし、『のうりん』の女性メイン・キャラクターは、良田胡蝶に限らず男性本位の欲望や妄想を

満たすような外見・性格・行動をとる人物として設定され、女性に対する強い偏見に基づくステレオタイプ化もみられる。本作品の作者は、農業高校への丁寧な取材を行って執筆しており、それは高校の描写にリアリティを付与するかたちで作品に反映されている。しかし、本作品はあくまでも青少年向けの性的イメージに満ちたものであり、作者自身も小説の1巻のあとがきで「女の子にとても読ませられる内容ではありません」（白鳥 2011）と書いている。それゆえ、地域の公的イメージを背負い公共空間で情報発信する観光宣伝ポスターの性質をかんがみると、この小説の女性キャラクターの利用そのものについて、より慎重に検討する必要があったといえるだろう。

　このような観光宣伝における萌えキャラ利用の問題は、美濃加茂市や先にふれた志摩市だけのものではない。観光宣伝の萌えキャラは、かならずしも『のうりん』のように小説やアニメの登場人物を使ったり、「碧志摩メグ」のように地域に特有の人物をモデルとしたりするわけではなく、名前などに地名や特産品、企業の名称などを組み込んだだけの一般の少女というキャラクター設定が多い。その容易さのためか、最近の日本では、萌えキャラは、観光地、地域の特産品、鉄道、バス、フェリー、地下鉄などの宣伝に幅広く利用され、全国各地で観光宣伝用の萌えキャラが氾濫しているといっても過言ではない。そして、たいていの場合、これらのキャラクターには露骨な性的イメージはないが、みる人によって受け取るメッセージが異なる「認知ギャップ」を利用して、女性には気づきにくいが男性にだけ伝わる性的なシンボルやメッセージ（森岡 2005）が付与されている。

　このような性的シンボルを埋め込まれた萌えキャラの利用は、宣伝したい場所や物品、サービスに目を向けさせるのにとどまらず、一般の少女を性的に他者化してもよいというサブリミナルなメッセージをも発してしまう。したがって、観光プロモーションに萌えキャラを使うことは、それが一見無害で、志摩市や美濃加茂市が受けたような批判がなされなかったとしても、性的対象として他者化した少女のイメージを密かに公共に発信しているという点において、本質的には同じ問題性をはらんでいるといえる。

４．日本における観光とジェンダーの研究の方向性

　以上、本章では、ジェンダーの概念を説明し、観光とジェンダーをテーマとする欧米の研究の動向、そして日本におけるジェンダー化された観光現象の例をみてきた。

　観光現象をジェンダーの視角から研究する場合、意識されなければならないのは、「観光は、ジェンダー化された社会から構築された過程である」(Kinnaird 1994) という点である。つまり、ジェンダーに着目して観光にかかわる開発や活動を研究する場合、これを取り巻くジェンダー化された社会についても考察する必要があるということになる。

　たとえば、本章で扱った萌えキャラの観光プロモーションへの利用についていえば、個々の事例だけでなく、このようなキャラクターが使われるような日本の文化社会的状況や心性をも分析対象とすべきである。そして、こうした観光におけるジェンダー化の過程を読み解き、これが社会にどのように作用するかについてもみていくことで、観光学はより広い領域に貢献する学問となりうるだろう。

　また、社会的公正の実現という点からも、ジェンダーの視角に基づいて取り組むべき研究課題は多い。A・プリチャードは、このような研究テーマとして、観光教育・研究、観光産業における就労とエンパワーメント、観光とグローバルな性取引の関係、日常生活における女性の性的対象化が観光にもたらす影響、観光地における女性へのハラスメントを挙げた (Prichard 2014)。

　これらのテーマへの取り組みは、日本の観光学界において必ずしも重視されてこなかった。しかし、基幹産業としての観光への期待が高まり、その影響力が経済的にも社会的にも拡大するなかで、今後必要不可欠となるだろう。そして、上記のテーマの研究を通じて観光現象にひそむ両性間の不平等・不公平に光をあて、その是正を目指すならば、観光学は、観光の分野を超え、公正な社会の実現に寄与する学問としての意義ももちうると考えられる。

IV

観光と文化について学ぶ

【参考文献】

石森秀三・安福恵美子編『国立民族博物館調査報告 37　観光とジェンダー』国立民族学博物館。

白鳥士郎（2011）『のうりん』1巻、ソフトバンククリエイティブ。

ピルチャー、ジェイン／ウィラハン、イメルダ（2009）『キーコンセプト——ジェンダー・スタディーズ』片山亜紀訳・金井良子解説、新曜社。

森岡正博（2005）『感じない男』筑摩書房。

安福恵美子（2003）「観光とジェンダーをめぐる諸問題」石森秀三・安福恵美子編『国立民族博物館調査報告 37　観光とジェンダー』国立民族学博物館、7-21 頁。

Bauer, T. G. & McKercher, B. eds. (2003) *Sex and Tourism: Journeys of Romance, Love and Lust*, The Haworth Hospitality Press.

Berdychevsky, L., Gibson, H., & Poria, Y. (2013) "Women's Sexual Behavior in Tourism: Loosening the Bridle," *Annals of Tourism Research*, Vol. 42, pp. 65-85.

Dahles, H. & Bras, K. (1999) "Entrepreneurs in Romance Tourism in Indonesia," *Annals of Tourism Research*, Vol. 26, No. 2, pp. 267-293.

Herold, E., Garcia, R., & DeMoya, T. (2001) "Female Tourists and Beach Boys: Romance or Sex Tourism?," *Annals of Tourism Research*, Vol. 28, No. 4, pp. 978-997.

Kinnaird, V. and Hall, D. eds. (1994) *Tourism: A Gender Analysis*. John Wiley and Sons.

Pritchard, A. (2014) "Gender and Feminist Perspectives in Tourism Research," in Alan A. Lew, C. Michael Hall, and Allan M. Williams eds., *The Wiley Blackwell Companion to Tourism*, Wiley Blackwell, pp. 314-324.

Sinclair, M. T., ed. (1997) *Work and Tourism*, Routledge.

Swain, M. B. (1995) "Gender in Tourism," *Annals of Tourism Research*, Vol. 22, No. 2, pp. 247-266.

第27章
観光と翻訳

竹鼻圭子

1．日本文化をめぐる翻訳と翻訳論

　観光という分野では日本の風土や文化を伝えることはきわめて重要な要素である。そして日本の風土や文化を伝える試みは、さまざまなかたちで行われてきた。英語で書かれたものでは、たとえば、古くは1727年に英語版が出版されたエンゲルト・ケンペル（Engelbert Kaempfer, 1651-1716）が著した *The History of Japan*『日本誌』や、イザベラ・バード（Isabella Bird, 1831-1904）による *Unbeaten Tracks in Japan*『日本奥地紀行』、そしてラフカディオ・ハーン（Lafcadio Hearn、日本名は小泉八雲、1850-1913）の紀行文である *Glimpses of Unfamiliar Japan*『日本の面影』や日本の民話を元にした諸作品などが外国人によって著されている。また、日本人による英文の著作もあり、これには岡倉天心（覚三、1863-1913）による *The Book of Tea*『茶の本』、新渡戸稲造（1862-1933）の *Bushido*『武士道』、そして鈴木大拙（1890-1966）が著した *Zen and Japanese Culture*『禅と日本文化』などの諸作品を挙げることができる。

　20世紀半ばの第二次世界大戦後になると、ルース・ベネディクト（Ruth Benedict, 1887-1948）による *The Chrysanthemum and the Sword*『菊と刀』が日本文化のあり方を伝えた。東日本大震災後に日本に帰化したドナルド・キーン（Donald Keene, 1922-）にも *Bunraku*『文楽』はじめ多くの著作がある。コロンビア大学のハルオ・シラネ（Haruo Shirane, 1951-）による *Japan and the Culture of the Four Seasons: Nature, Literature, and the Arts* も2011年に出版されている。また、徳島県祖谷をはじめとする、日本の原風景とよばれる古民家再生と景観保護に活躍するアレックス・カー（Alex Kerr, 1952-）の著作も挙げることができる。1993年に出版された『美しき日本の残像』（新潮社）は、英語

文化圏生まれのカーによって日本語で書かれ、後に同著者によって *Lost Japan* というタイトルで英語に翻訳された。

　異なる風土や文化を相互に伝える場合、「翻訳」という作業が必要になる。翻訳論については、ジェレミー・マンデイ（Jeremy Munday）が、翻訳学に関する論点や翻訳理論の諸相、文化的・イデオロギー的な側面、翻訳者の役割、哲学理論、メディアとの関連などについて、広く論じている（マンデイ 2009）。翻訳理論に関してはアンソニー・ピム（Anthony Pym）が、理論の特徴を焦点にして、等価、方向性、目的論、説明論、不確定性、ローカリゼーション、文化翻訳などを論じている（ピム 2010）。文化翻訳は、文字から文字への翻訳を超えた現象とされている。すなわち、文化人類学の知見から発展した異文化の理解を、文化翻訳ととらえていて、翻訳が単に言葉を置き換えるという作業にとどまらない広がりがあるものとされているのである。

　日本での翻訳に関する議論ははじまったばかりといってよい。上記マンデイやピムの翻訳だけでなく、翻訳論や翻訳に関する国外の書物の翻訳は盛んに行われてきたが、『日本の翻訳論――アンソロジーと解題』（柳父章・水野的・長沼美香子編 2010）が出版され、ようやく日本にとっての「翻訳」とは何なのかが問われるようになった。西欧諸語（起点言語）から日本語（目標言語）への翻訳に関して、各翻訳者（日本人）がどのような考えを持っていたかを翻訳研究者（日本人）が解題し論じたものである。次節以下では文化翻訳も含めた広い視点から、19 世紀末から 20 世紀はじめのハーン著『日本の面影』と岡倉天心著『茶の本』、そして 20 世紀末から 21 世紀はじめのカー著『美しき日本の残像』と千宗屋著『茶――利休と今をつなぐ』を取り上げ、日本文化がどのように伝えられ、翻訳されているのかについて考えていく。

2．『日本の面影』と『茶の本』

　19 世紀末から 20 世紀初頭にかけて、いまだ西欧世界に日本文化がよく理解されていなかったころに、英語で日本の風俗や文化を伝える試みがなされていた。そのなかで、外国人の視点から日本の風俗や文化を英語で伝えたハーンの『日本の面影』と、日本人として英語で日本文化の

特性を伝えようとした岡倉天心の『茶の本』を取り上げる。いずれも、最初に英語で書かれ、その後日本国内向けに邦訳された経緯がある。『日本の面影』はハーンが日本を訪れた当初からの紀行文である。『茶の本』は岡倉天心が日露戦争（1904〜05 年）を機に、ともすれば誤解されがちであった日本文化の本質を、茶をテーマに西欧社会に伝えようとしたものである。

　『日本の面影』はハーンが来日した 1890 年 4 月から松江から去って熊本へ向かった 1891 年 11 月までの体験や思いを綴った作品である。内容の大半が出雲地方と松江を中心テーマにしている。そこで展開される西洋批判（物質主義、個人主義、産業中心主義、キリスト教など）と日本賛美は、しばしば批判されることもあるが、現代日本への警鐘と受け止めることもできる。「訳者あとがき」において池田雅之は、ハーンの「はじめに」にあらわされた姿勢は、日本の進歩的知識人や教育制度のなかで軽蔑され排除されようとしていた日本の古い民間信仰や迷信、言い伝えや風習、昔話や神話などのフォークロア的世界観の再評価および擁護であるとしている。1 世紀以上の年月を経た現代の私たちにとっては、多くは失われたものを再確認できる内容であり、再生への道しるべと考えることもできる。

　『日本の面影』から印象深い記述を取り上げて、ハーンの文体や思想の一端に触れていきたい。「東洋の第一日目」は横浜の滞在を描いた章だが、「まるでなにもかも、小さな妖精の国のようだ。」と日本の印象を語っている。また、漢字文化圏で表意文字を用いる日本人について、「日本人にとって、文字とは、生き生きとした絵なのである。」という平易な表現で特徴を伝えている。そして、日本人の微笑みについて、「このような思いやりのある、興味のまなざしや笑みを目の当たりにすると、はじめてこの国を訪れた者は、思わずお伽の国を彷彿としてしまうだろう」と表現し、行きかう人々は「目の前の通りを、北斎の版画に描かれた人々が行き交っている」と語られる。

　「盆踊り」は出雲を描いた章であり、「はるかな山々を超えた向こうに、古代の神々の国、神代の国出雲がある」ということばではじまる。そして、日常工芸品の質の高さを、「この村落は、美術の中心地から遠く離れているというのに、この宿の中には、日本人の造形に対するすぐれた

IV

観光と文化について学ぶ

美的感覚を表してないものは、何ひとつない。花の金蒔絵が施された時代ものの目を見張るような菓子器。……」と描いている。また、「日本の庭にて」の章では「そもそも、日本の庭とは花園（フラワー・ガーデン）のことではない。植物を栽培するのが目的で造られるものでもない」と説明され、「もうひとつ、特に忘れてはならない大事なことは、日本庭園の美を理解するためには、石の美しさを理解しなければならないということだ」と理解を深めていく。このようにして、ハーンは日本文化の特徴を、西欧の読者に平明に伝えようとしたのである。

　『茶の本』は世界的にもあまりにも有名だが、明治時代に活躍し、美術史上も名高い岡倉天心によって1906年に *The Book of Tea* としてアメリカで出版された。日清、日露の戦争に勝利し、経済的にも軍事的にも世界から日本に注目が向けられるようになったこの時期に、東洋の国としての日本の文化的特性を西欧世界に知らせようとして著された著作の一つである。茶の文化や茶道を借りて、日本人の美意識や東洋の精神世界について、さまざまなエピソードも交えて、欧米人にもわかりやすく書かれている。邦訳は1929年の村岡博訳以後、数多くの翻訳が試みられている。原著から邦訳まで二十数年の年月を経ているが、本書の内容が当時の富国強兵の国策に逆行するものであったからだと考えられている。「茶道」は「茶の湯」ともよばれるが、本章ではそれぞれの筆者の用語に従うこととする。

　『茶の本』は7章で構成されていて、茶道の文化的位置づけ、茶の由来、道教や禅との関係、茶室、芸術性、花、茶人について語られている。茶の歴史や利休と豊臣秀吉とのエピソードなどは、他の茶道に関する書籍でも取り上げられている。しかし、『茶の本』はあくまでも茶道を借りた文明論であり、随所に岡倉天心の思想があらわされている。注目される箇所を桶谷秀昭訳から取り上げる。冒頭で、茶道は「本質的に不完全なものの崇拝であり、……」とされ、日本の美意識の本質を述べている。また、茶道の精神を「茶道のあらゆる信奉者を趣味の貴族にすることによって、東洋民主主義の真精神を表わしている」としている。そして、「西洋人は、日本が平和のおだやかな技芸に耽っていたとき、野蛮国とみなしていたものである。だが、日本が満州の戦場で大殺戮を犯しはじめて以来、文明国と呼んでいる」と、日本のいわゆる近代化を痛切に批

判している。

3.『美しき日本の残像』と『茶——利休と今をつなぐ』

　カー著『美しき日本の残像』は、1993 年に初版が出版され、翌年に第
7 回新潮学芸賞を受賞している。高度経済成長の陰で失われていく日本
文化を目の当たりにした著者の、哀惜の思いが語られている。前半は、
日本の高度経済成長期に、幼少期から日本で暮らす経験をもった著者が、
理想の地を求めた末に四国山中の祖谷渓で茅葺の家屋に住むことになっ
た経緯が語られている。その後の京都での生活で歌舞伎や多くの骨董美
術品との出会いがあり、絵画や墨跡にも親しむようになった。後半は京
都、奈良周辺の寺社仏閣の案内と日本文化のルーツに関する考察などで
構成されている。最終第 14 章の最後の「昔の美が消えていくことは避
けられないでしょう。それにしても僕は幸せだったと思います。美しい
日本の最後の光を見ることができました」ということばが印象深い。
　その後、ローンリープラネット社（Lonely Planet）から 1996 年に *Lost
Japan* として英語訳が出版された。それ以前の日本に関する英語の書物
は「貿易・経済」か「美術ユートピアとしての日本」であったなかで、
日本の現実を伝える本書であったが、日本国内同様、海外でも大きな反
響を得て、その後数カ国語に翻訳され、アメリカの大学では教科書とし
て使われるほどであったという。各章のパラグラフの構成も日本語版と
変えられ、著者のいう「英語らしい言葉の流れ」が追及されている。た
とえば、第 1 章「お城を探す」で四国を訪れることになった件では、日
本人でなくとも四国の地理的、文化的位置づけがわかりやすいように構
成されているが、このような工夫が随所にみられる。また、第 13 章の
「東南アジア」は英語版では第 12 章 "Osaka" に差し替えられ、京都・奈
良と並んで、大阪が紹介されている。
　千宗屋著『茶——利休と今をつなぐ』については、出版の意図を著者
が「あとがき」に次のように述べている。「これより以前から、自分自身
の見解はともかく、茶の湯の全体像をつかむための本当の意味での入門
書の刊行は、茶の湯界にとっても喫緊の課題と考えておりました」。そ
して、そのことを 2008 年の文化庁文化交流使として滞在していたパリ

Ⅳ　観光と文化について学ぶ

での講演において、フランス人女性からも求められたという。著者も触れているように、茶道関連の書籍はおおむね各流派の入門書であったり、茶の湯の歴史について時代を追って書かれたものであったり、写真集であったりという事情があり、初心者などが茶道全般について知ろうとしたときに適切な書籍がないのが現状であった。どの流派にも偏らないものとして著者が勧めてきたのが岡倉天心の『茶の本』だったという。英語での出版物も同様の事情であり、筆者が *Tea—Seeking the Missing Link to Rikyu*（竹鼻圭子訳、英宝社、2016 年）として英語訳した。

　『茶──利休と今をつなぐ』は、茶の湯の歴史や、著者自身の家元後継ぎとしてのエピソード、現在の茶の湯の始祖ともいわれる利休のこと、茶席でのマナー、茶道具、茶室、茶事、さまざまなエピソードや、日本文学研究者のシラネや思想家の内田樹（1950-）との対談も交えて構成されている。したがって、日本人であっても一般的には遠い伝統文化と受け止められがちな茶道を、身近に感じ理解できる。また、本書では茶事において、亭主（ホスト）と客（ゲスト）とがその場を共有し、心を通わせることの重要性がエピソードを交えて語られている。同時に、茶事のなかで最も重要な濃茶点前において、両者の心身が身体論的に「同期」し、根源的なコミュニケーションが図られている点に注目するなど、著者の独自の思想も展開されている。そして「伝統」ということばは、仏教の「伝燈」に由来し、茶の湯の「燈を伝える」意義を強調して、本書をしめくくっている。

4．ローカル文化を伝え、残す

　これまで、文化翻訳まで視野を広げ、19 世紀末から 20 世紀はじめのころのハーン著『日本の面影』と岡倉天心著『茶の本』、そして 20 世紀末から 21 世紀はじめのカー著『美しき日本の残像』と千宗屋著『茶──利休と今をつなぐ』を取り上げた。ハーンと岡倉天心の場合は、西欧に向けて日本を伝えるべく、当初英語で書かれ、のちに国内向けに邦訳された。いずれの著作も、今なお国内外で多くの読者を得て、日本文化への関心を高めており、国外からばかりでなく国内でも観光の動機づけになっている。カーと千宗屋の場合は、かつての日本文化が失われて

いくなかで、まずは日本人に対して日本語で失われつつあるものが伝えられ、のちに国外に向けて英語訳されるという経緯であった。いずれの著者も、日本の伝統文化の継承のための活動を活発に行っていて、観光振興にも活躍している。時の流れのなかで、かつての日本文化は現代日本からも異郷の存在になっている。グローバル化のなかで、日本独自のローカル文化を伝え、残すことの重要性は明らかであろう。

【参考文献】
岡倉覚三（1929）『茶の本』村岡博邦訳、岩波書店。
岡倉天心（1994）『茶の本　英文収録』桶谷秀昭邦訳、講談社。
カー、アレックス（2000）『美しき日本の残像』朝日新聞出版。
小泉八雲（1990）『明治日本の面影』平川祐弘編訳、講談社。
千宗屋（2010）『茶――利休と今をつなぐ』新潮社。
ハーン、ラフカディオ（2000）『日本の面影』池田雅之邦訳、KADOKAWA。
ピム、アンソニー（2010）『翻訳理論の探求』武田珂代子邦訳、みすず書房。
マンデイ、ジェレミー（2009）『翻訳学入門』鳥飼久美子監訳、みすず書房。
柳父章・水野的・長沼美香子編（2010）『日本の翻訳論――アンソロジーと解題』法政大学出版局。

Ⅳ　観光と文化について学ぶ

第28章
観光と異文化間コミュニケーション

東　悦子

1．日本の国際観光と文化

　国際観光と国内観光の違いは、人々の移動が国境を越えるのか、国内の移動にとどまるのかという点にあり、国際観光における移動の影響は、国境を越えて社会、経済、文化、政治などさまざまな分野へと拡大・波及していく点に特徴がある（浅羽 2011）。

　観光産業が注目を集める理由の一つには経済的な影響つまり経済効果の大きさがある。国際観光はアウトバウンドとインバウンドに分けられるが、日本への外国人観光客によるインバウンド消費が経済に与える影響は大きく、2014 年に 1341 万人に達した訪日外国人による消費総額は 2 兆円を突破し、東京オリンピック・パラリンピックが開催される 2020 年には、訪日外国人観光客は 1845 万人になり、消費総額はおよそ 3 兆円まで増加するとの試算で、政府が目標とする「訪日外国人客数 2000 万人、消費総額 3 兆円」がほぼ達成されることになる（長井 2015）。

　他方、近年における外国人観光客の増加にともなう、文化にかかわる影響として、外国人観光客のマナーの問題が顕在化している。なかでも、訪日外国人旅行者の上位を占めているアジアの国・地域からの旅行者で、「爆買い」とよばれる買い物消費の中心をなしている中国人のマナーが取り上げられることが多い。その一例にトイレの使用方法がある。使用したトイレットペーパーが流されずに、トイレに備えつけられているごみ箱に捨てられていることである。この原因に生活習慣の違いがある。

　インフラが十分に整っていない、トイレットペーパーが水に溶けにくいなどの理由から、使用済みのトイレットペーパーを備えつけのごみ箱にいれる国や地域がある。日本人がそういった国を訪れ、日本の生活習慣にのっとりトイレを使用した場合、トイレをつまらせてしまいかねな

い。このように自国の生活習慣に基づいて外国で行動した場合、故意で
なくマナーに反することがある。つまり、ある国（社会）の常識が、別
の国（社会）では非常識となる場合があるといえる。

　外国人旅行者の増加による経済効果がますます期待されるなか、圧倒
的多数を占めるアジアの国・地域からの訪日外国人旅行者を対象とした、
ハードとソフトの両面で受入体制の充実を図ることが必須となっている。
また世界各地からの旅行者を対象とする場合、ことばや文化・習慣ある
いは宗教的な点などに関連して配慮すべき点について、異なる文化背景
に関する知識を深め、異文化への意識を高めることが必要とされている。
これまでに生じた数々の事例を検証し、各国の社会の状況と人々の生活
習慣や文化背景に留意することによって、外国人旅行者を受け入れる側
が配慮すべき点が具体的に明らかになるだろう。訪日外国人旅行者数の
継続的な増加を図るうえで、これからは多様な文化背景に着目した受入
体制の改善と向上が求められる。

2．異文化理解とコミュニケーション

　国際観光の推進を図るなか、外国市場を対象とする観光振興策にとも
なう不確実性が指摘されている。的確な情報収集や分析の困難さ、プロ
モーションやマーケット開拓のための膨大な経費と過重な労働の負担、
国際観光市場はグローバルな単一競争市場であること、そして、歴史・
文化・習慣などの相違による観光ニーズやギャップなどの多さが挙げら
れる（山上 2010）。そこで文化背景の異なる旅行者の受け入れに際し、
歴史・文化・習慣などの違いに起因した不確実性を軽減する取り組みが
必要とされる。たとえば観光庁では、「訪日外国人旅行者に対応した研
修」を実施し、とくにアジアからの訪日観光客の中心となる中国からの
観光客への理解と接遇のために、中国の国土や人口などの基本情報、中
国語の挨拶、衣食住の特徴を紹介し、食べ物に関しては、温かいものが
冷めてしまうとサービスが悪いという印象を与えるなどの文化理解にも
言及している（国土交通省観光庁 HP）。

　多様な文化背景を有する訪日外国人旅行者の受け入れにおいて、まず
ホストの側が異文化間コミュニケーションの力をいかに養成するかとい

Ⅳ

観光と文化について学ぶ

うことが課題となる。自国の文化・習慣やことばなどについて造詣を深めることはもちろんのこと、異文化への理解を深めコミュニケーションの方法に工夫をこらすことなどが求められる。

　まずコミュニケーションを図るための「言語能力」と「コミュニケーション能力」に関して、言語能力というのは、発音、語彙、文法などを駆使して自分の考えを表現し、言葉で語られたものについて理解ができるかという「表現と理解の能力」であるが、コミュニケーション能力とは、言語能力をベースにして、他者とうまく関係がつくれるかという「関係性の能力」である（金田一 2007）。観光という領域において人的交流が欠くことのできない要素であるとき、英語などの外国語の表現と理解の能力を高めるとともに、いかにして伝え合い、他者とうまく関係性を築けるかという点においてコミュニケーション能力が問われる。

　さらに異なる文化背景をもつ対象とのやりとりでは、価値観の違いや情報の不足などによって、しばしばコミュニケーション・ギャップとよばれる食い違いが生じることがある。これは言語や身振りなどを媒介として伝え合う場合に、文化の異なる国々との間において、国内における地域差を超えた違いが存在することが一因である。外国語の発音・語彙・文法などに関しては違いを強く意識するが、言語の背景に潜む文化について意識することは希薄になりがちである。そのため多様な国のヒト・モノ・コトを自国の文化の枠組みでとらえてしまい、誤解や摩擦が生じる可能性がある。誤解や摩擦にいたりかねないギャップをいかに解決するかという点で、異文化間コミュニケーションの考えが有用である。（東 2013、2014、2015）。

　次にコミュニケーションのツールであることばについて、異なった文化に限られた範囲で接するときは、個々の文化要素を統括する全体の構造がつかめることは稀で、多くの場合、自分が出会う一部または特殊な実例を一般的に拡大してしまう傾向があり、この一般化は、自分の文化の構造に従って行われることが指摘されている。また外国のことばや表現を自国の文化のコンテクストに置いて解釈してしまう傾向がある（鈴木 1973）。

　"I am sorry." を一例として挙げる。日本人は頭の中で日本語を英語に置き換えて、日本式の「すみません」という意識で「アイム　ソーリー」

を用いることが多い。その意味は、「I'm sorry, this has happened」（こんなことがおきて残念です）の場合が多い。ときには金銭的責任もともなうような、「I'm sorry, this responsibility came to me」（すみません、これは私の責任です）とは、明らかに違う（デュラン 2007）。自国の言語を外国語に置き換えて、自国での言語使用の文脈と同様にそれを使用してしまうならば、詫びの表現 "I am sorry." に対する欧米人と日本人の言語感覚の違いから、責任問題という点で深刻な事態を招きかねない。外国人旅行者を対象として多言語化を進めるうえで、音声言語であれ文字言語であれ、発信したことばがいかに理解されるかを異文化の視点からも検証すべきであろう（東 2013）。

　次に非言語コミュニケーションに関して、コミュニケーションには、言語によるコミュニケーション（verbal communication）に対して、非言語コミュニケーション（nonverbal communication）がある。人は、顔の表情（facial expression）やしぐさ（gesture）を通しても情報を伝えている。外国語が話せずとも身振り手振りで通じ合える場合もあるが、この身振り手振りも万国共通というわけではなく、同じジェスチャーがまったく違うサインとして使用されることがあり注意が必要となる。一例として「小指を立てる」しぐさについて、日本では「女、女の子、恋人、彼女」、中国は「つまらない、よくない（否定的な意味）」、フィリピン、インドネシア、チュニジアは、「小さい」、インドやスリランカでは「トイレに行きたい」などの意味である（小竹 2008）。また、しぐさによっては性的な意味をもつものや相手を侮辱したと誤解されるものもある。ジェスチャーは主として生まれ育った生活のなかで身につき、ほとんど無意識にコミュニケーションのなかに現れる。したがって異なる文化をもつ他者とのコミュニケーションにおいて、非言語コミュニケーションにも十分注意を払うべきである。

　かつて E・T・ホール（Edward T. Hall）は文化をコンテクストで 2 分し、日本を高コンテクスト文化の社会と位置づけた。言語として発せられたメッセージより文脈を重視し、互いに相手の意図を察するような文化を高コンテクスト文化（high-context culture）とよぶ。一方、言語として発せられたメッセージそのものを重視する文化は文脈への依存度が低く、低コンテクスト文化（low-context culture）とよぶ（高見澤 1997）。

Ⅳ

観光と文化について学ぶ

発信された言語情報が文脈と深くかかわる場合、発信者の意図が明文化されなくとも、受信者がその意図を読み取ることによって、コミュニケーションが成立する場合がある。たとえば、Ａ：「今度、映画でも観にいきませんか」に対して、Ｂ：「映画は、ちょっと……」、Ｃ：「そうですね。また……」と返答したとする。日本人同士の関係において、状況を推測するならば、Ａの誘いに対して、Ｂは、「映画は（あまり好きではないので）観にいきたくはないのだと、つまり「断り」だと受け取るだろう。Ｃの場合は断っているわけではないが、後日、映画を観にいくかどうか、実際に映画に行くことがなくとも、Ａはそれに対してＣを不誠実な人だとは思わないだろう。発話の声の調子や顔の表情によっては、相手の誘いという好意に対して申し訳ない気持ちもあり、遠回しな表現で断りをあらわしたともとれる応答である。しかし、このようなコミュニケーションスタイルが外国人との間でも成立するかどうか。たとえ日本語が理解できたとしても、「ちょっと」という微妙な言い回しが何を意図しているのか。「また」というのは具体的にはいつのことなのか。「察し」の文化とは異なる文化背景の人々にとっては、このような状況を理解するのは難しいといえる。このような点からも誤解やトラブルに発展することがありうる。訪日外国人の受け入れに際しても、ビジターとホストの所属するコンテクスト文化に配慮する必要があるといえる（東 2012）。

3．観光と異文化間コミュニケーション

　日本が国際観光を推進し続けるなか、世界各国からの多様な文化背景を有する外国人旅行者を受け入れるために、観光産業に携わる人々はもちろんのこと、わが地域に多様な訪問者を迎えることになる住民ひとりひとりがホストとして、自国の文化・習慣などについての知識を深め、さまざまな文化背景をもつヒト・モノ・コトとの間における異文化間コミュニケーションに関する認識を深めておくことが重要となる（東 2014）。
　国際観光に関する日本人の意識調査において、海外からの旅行者の重要性と問題点について、「海外からの旅行者は非常に重要であり、より一層増やす必要がある」64.9％、「観光収入が増えることにより、経済が

豊かになる」69.5%、「国際交流が進み相互理解が深まる」47.3%と、肯定的な意見がみられる一方で、「治安が悪化し、犯罪が増加する恐れがある」54.6%、「言語、文化の違いから、地域社会の中でトラブルが多くなる」37.0%という、否定的な考えを示す回答も少なくなかった（国土交通省観光庁 2010）。訪日外国人旅行者の獲得による経済効果や、観光による人的交流の促進による国際間の相互理解といった観光の利点を享受するためにも、異文化間コミュニケーションという概念を礎として、文化背景の異なるビジターとホストの間のコミュニケーションの場面で想定される事例、あるいは過去に実際に生じた課題を取り上げ、なぜそのようなことが生じたのか、いかにして回避／対応／解決できるかを具体的に考えていくような思考の訓練が必要であろう。また、外国人観光客と受け入れ側の人々との文化・習慣の相違から生じる誤解やトラブルを未然に防ぐための第一歩として、多様な「違い」があることを認識し、それから生じるコミュニケーション・ギャップを推し量ることができれば、「違い」を面白みへと転じ、訪問者と受け入れ側の双方が異文化交流の醍醐味を享受できる観光の仕組みを創造することが可能となるのではないだろうか。

【参考文献】

浅羽良昌（2011）『国際観光論——図表で読み解く日本の現状と課題』昭和堂。
金田一秀穂（2007）『16 歳の教科書』講談社。
小竹裕一（2008）『アジア人との正しい付き合い方　異文化へのまなざし』NHK 出版。
国土交通省観光庁（2010）『観光白書』（平成 22 年版）。
国土交通省観光庁 HP「訪日外国人旅行者に対応した研修の実施」『明日から使える！中国人観光客との実践コミュニケーション研修』https://www.mlit.go.jp/kankocho/shisaku/kokusai/setsugu.html（最終閲覧日 2015 年 1 月 12 日）
鈴木孝夫（1973）『ことばと文化』岩波新書。
高見澤孟監修（1997）『はじめての日本語教育［基本用語事典］』凡人社。
デュラン・れい子（2007）『一度も植民地になったことがない日本』講談社＋α新書。
長井翔吾（2015）「わが国のインバウンド需要の先行きと課題——需要拡大が見込まれる一方、継続的な政策面の後押しが不可欠」『Research Focus』日本総研。https://www.jri.co.jp/MediaLibrary/file/report/researchfocus/pdf/8092.pdf（最終閲覧日 2016 年 1 月 15 日）
東悦子（2012）「異文化間コミュニケーションとブランディング」和歌山大学観光学部編『観光概念の革新によるブランディングビジネスモデルの創造』第 13 章、217-228 頁。

IV
観光と文化について学ぶ

東悦子（2013）「観光コミュニケーション論」和歌山大学観光学研究科『観光学研究への誘い』第 12 章、115-121 頁。

東悦子（2014）「観光によるグローバルな移動と異文化間コミュニケーションに関する研究――訪日外国人旅行者受入の場合」和歌山大学観光学部・観光学研究科『観光研究の高度化・国際化推進による次世代型観光モデル創出プロジェクト』第 1 回中間報告書、229-236 頁。

東悦子（2015）「観光と異文化間コミュニケーション――訪日外国人旅行者受入の場合　その 2」和歌山大学観光学部・観光学研究科『観光研究の高度化・国際化推進による次世代型観光モデル創出プロジェクト』報告書（2014 年度）、227-234 頁。

山上徹（2010）『観光立国へのアプローチ』成山堂書店。

第29章
観光とデザイン

北村元成

　観光もデザインも、文化や歴史、社会、経済、技術などさまざまな分野を横断する学際領域である。そしてこれらはあらゆる場面で多面的に接している。どちらのジャンルにおいても、その時代や地域における広角な視野と総合力、そして豊かな創造力が求められる。ここでは観光をデザインという視点でみてみよう。

1．観光をデザインする

　「観光はデザインされて創り出される」というと大げさな言い方に伝わるかもしれない。観光は人の行為であり営みであることから、それは誰かが着想し、企画し、計画・設計されたものである。デザインという言葉を、色やかたちで表現するという意味だけでなく広義にとらえれば、観光にかかわる（あるいは人にかかわる）あらゆるものはデザインされているということができるだろう。ここで、観光とさまざまなデザインを、全体と部分、観光自体と観光を支えるもの、といった視点で分類してみると以下のようになる。

　　（1）観光資源のデザイン
　　　観光にかかわるあらゆる観光資源（街並みや店舗、食べ物や工芸品などのお土産、歴史や文化のストーリーなど）をデザインすること
　　　　・観光地の景観・都市デザイン
　　　　・観光施設の建築デザイン
　　　　・特産品などのプロダクトデザイン
　　（2）観光そのもののデザイン
　　　観光のコンテンツ化やツアーのプランニング、地域のブランディ

ングなど
（3）観光を伝えるデザイン
観光資源や観光プランを伝えるためのデザイン
•観光広告・広報物、サイン、シンボル、パッケージなどのグラ
フィックデザイン

　（1）は直接的に観光資源をデザインするものである。それらは観光
客にとって魅力的で機能的で訴求力のあるものでなければならない。観
光資源が点で存在していても魅力的なコンテンツにはなりえない。「見
る・聞く」「体験する」「食べる」「買う」などさまざまなタイプの観光資
源がパッケージ化されてはじめて訴求力のあるコンテンツになる。観光
資源の点を結びつけて線的、そして面、立体的に展開することが（2）
の意味で観光をデザインすることといえる。また、（3）を通してそれ
らが観光客に魅力的に伝わらなければ観光は始まらない。

2．観光とかかわるさまざまなデザイン領域

　次に、観光にかかわるさまざまなデザイン領域について、具体的に紹
介する。
　まず観光の場となる景観・都市のデザインが挙げられる。景観デザイ
ンや都市デザインは対象となる空間が大きく、多くの人が享受するため
に公共性が高い。また、デザインのライフサイクルが長いために長期的
でマクロな視点が求められる。都市計画法、景観法などの法律や景観条
例への理解も必要である。そして、景観や都市のなかには人々の生活が
あり、地域住民や行政との調整も不可欠な要素である。観光における景
観・都市デザインといえば、日本の四季折々の景色やヨーロッパの歴史
的な建造物群など、観光地の街並みや風景が挙げられる。京都のような
碁盤の目状の街とパリなどの放射状の街では都市のデザインも景観も大
きく異なっており、その個性が観光の魅力の一つとなっている。日本の
城下町では間口の広さなどが決められていたことから一様な街並が形成
されていったように、建物の高さや色、並木の種類や高さなどにルール
を作ることによって街並はデザインできる。これらは土木や造園、建築

分野の複合領域であり、色彩や光、水などの演出をともなって、比較的大きな空間を、美しくて便利で住む人にも訪れる人にも魅力的であるように総合的にデザインしなければならない。

　次に取り上げるのは観光と建築デザインの関係である。建築デザインの対象となるのは建築物である。内部はよりプライベートな空間であるが、建築物のファサードなどの外部は街並みと一体であり、より公共性が高い。観光における建築デザインとして挙げられるのは上記のような観光名所、移動時の空港や駅、観光案内所やお土産物屋、体験施設、ホテルなどさまざまな観光施設である。建築のデザインそのものが観光の主目的となるケースもある。スペインのバルセロナにあるサグラダ・ファミリアは未完成ながらもアントニオ・ガウディのデザインそのものが世界遺産となり、世界的な観光名所になっている。このほかにも有名建築家の作品的建築物自体が観光地となっていることは多い。歴史的建造物においても歴史や文化だけでなく、それらの表象の一つとしてのデザインも観光の魅力の一つになっている。

　また、観光とプロダクトデザインの関係性も重要である。観光の楽しみの一つにお土産がある。地域の農林水産物やその加工品、伝統工芸品や地場産品の購入はもちろん、その生産施設を中心とした工房・工場見学や体験学習も産業観光として関心が高まってきている。プロダクトデザインのなかでも伝統産業の扱う伝統工芸品は、手工業を主としたクラフトデザインであり、機械生産が主となる工業製品はインダストリアルデザインとなる。伝統工芸品には全国各地に各々の特徴をもった陶磁器、織物、漆器、和紙、金工品、木工品、人形、こけしなどがある。和歌山県で国の伝統工芸に指定されているものは紀州漆器と紀州箪笥、紀州へら竿である。歴史や風土が生み出した地域の技・産業を訪ねるのも観光の一つの目的となる。しかし、多くの伝統工芸・地場産業が現代ニーズとの不一致や後継者不足等の問題から持続性を失いかけており、これらの消失は地域アイデンティティの喪失でもあることから観光としても重要な課題となっている。現代ニーズにあわせたリ・デザインや海外などへの販路開拓などで成功している事例もあり、地域の技術やストーリーを活かした産業の振興は観光の活性化にもつながるものと考えられる。

　そして観光にはグラフィックデザインも深く関係している。観光にお

図29-1　和歌山の特産品である柿
　　　　を使ったお菓子「かきちっ
　　　　ぷす」のパッケージデザイ
　　　　ン

図29-2　和歌山の特産品を図案化
　　　　した手ぬぐい「和歌山紋」

いてグラフィックデザインは、前述した景観からプロダクトデザインの
ような観光資源そのもののデザインではなく、観光や観光資源をターゲッ
トに伝えるためのデザインということができる。観光とグラフィック
デザインのかかわる分野には以下のようなものがある。

　広告デザイン：CM、ポスター、チラシ、DM、ガイドブック、HP、
　バナーなど。広告媒体（テレビ、ラジオ、新聞、雑誌、交通機関、イン
　ターネットなど）に載せる観光広告のデザイン。
　広報デザイン：広報誌、パンフレット、観光情報サイトなど。地域
　の観光情報をまとめたポータルサイトなどのウェブデザインや観光
　パンフレットなどのエディトリアルデザイン。また、パブリシティ
　の活用。
　サインデザイン：誘導／案内サイン、看板、マップなど。景観・都
　市デザインで計画された観光地周辺の誘導／案内サインや建築デザ
　インにともなう施設内のサインのデザイン。観光地の看板、観光マ
　ップなど。ピクトグラム、ダイヤグラム。
　パッケージデザイン：農林水産物のラベル、加工品のパッケージな
　ど。お土産物のラベルやパッケージといった包装のデザイン。図
　29-1、29-2 は著者の研究室と和歌山県のお土産物卸業との共同研
　究（2014 年）による成果物で、ゼミ生のデザインが採用され、実際

に販売に至ったものである。

ブランドデザイン：シンボルマーク、シンボルカラー、キャラクターなど。観光・地域のブランディングに基づくシンボルマークやシンボルカラー、ご当地キャラクターなどのデザイン。

　観光行動の一例に沿って観光とグラフィックデザインとの関係を示すと、以下のようになる。「　」内のものはグラフィックデザインのかかわる対象である。

　　駅に貼られた「ポスター」やインターネットの「バナー」をみて観光の意識が芽生える。詳しい観光情報を得ようと旅行代理店の「チラシ」や観光協会の「HP」をみて観光の意思が固まり、観光地へと向かう。「観光マップ」を頼りに、観光地周辺からの「誘導／案内サイン」に従い、目的地の「看板」を目指して移動する。「パンフレット」を読みながら見学し、帰りにお土産物屋でおいしそうな「パッケージ」の特産品とかわいい「キャラクター」グッズを購入する。

　実に多岐にわたって観光の各場面においてグラフィックデザインが関係していることが見て取れる。

3．観光と広告デザイン

　上記のようにさまざまなデザイン領域が観光にかかわっているわけだが、とくに著者の専門領域である広告デザインやブランドデザインと観光の関係について具体例を示しながら述べる。

　どんなによい観光であっても、まずターゲットに知ってもらわなければ観光行動は起こらない。観光商品がターゲットと接するのは、多くの場合、ポスターやチラシ、パンフレット、HPといったビジュアルであり、いわばこれらがその観光の顔の役割を果たしている。第一印象において訴求性を発揮できなければ、肝心の観光の中身をターゲットに伝えることができないということになる。立ち止まって、手に取って、見て

Ⅳ

観光と文化について学ぶ

図 29-3　ブランディングに基づいて作成された丹生都比売神社（和歌山県かつらぎ
町）の一連のポスター

読んでもらうためのデザインが必要となる。

　観光のポスターには、このように直接対象となる観光を訴求させる短期的な効果と、観光のブランドイメージを向上・構築させる長期的な効果が期待される。駅の構内に貼られた幾多のポスターのなかで人目を引くためには、また、旅行代理店に縦横に並べられているさまざまなチラシのなかに埋没しないためには、マーケティングに基づく広告戦略が必要になる。また、顔となる広告・広報物のイメージが蓄積されてブランドイメージが構築されていくため、長期的な視点をもったブランド戦略も必要なのである。図 29-3 は著者が作成した観光ポスターの一例である。

4．観光とブランドデザイン

　観光をアピールするためには、その観光および地域のアイデンティティが明確な方が有利である。その観光の地域や人、モノやコトが優れている部分や他と違う点が明らかでなければ効果的な広告戦略がたてにくい。理想としては、ブランド戦略に基づいて一つ一つの広告・広報がなされるべきなのである。

　地域のアイデンティティをあらわすシンボルには、都道府県章や市区町村章、ご当地キャラクター、観光地や観光施設で使われるロゴマークやマスコットキャラクター、農林水産物や地場産業・伝統工芸の地域ブランド、などがある。

　平成の大合併では全国で 3232 の市町村が 1700 程度に再編された。これにともなって多くの新しいシンボルマークが制定され、その何倍かの数の市町村章がなくなっている。しかし、合併協議が短期間であったことや合併される複数のアイデンティティが調整できないなど、効果的なシンボルマークを打ち出せたところは少ないように思われる。

　また、行政や観光地がコミュニティマークやキャラクターをデザインして観光 PR に使う例も多くみられる。「ゆるキャラグランプリ」が開催されるなど、日本においてはご当地キャラクターがブームとなっている。

　そして、地域ブランドの商標登録が始まり、地域のアイデンティティを見つめ直す働きが活発になってきている。地域のアイデンティティを明確にすることがブランド化の最初の一歩であり、上記のさまざまな具体的なデザインはブランド戦略に基づいて意図的整合性をもって展開されることが望ましい。

5．観光におけるデザインの展望

　デザインは観光に多面的にかかわっている。さまざまな断面をもつと同時に、全体的な企画・設計という包括的なかかわりもある。お土産物をはじめとする特産品・地場産品から、広告・広報物、インターネット、街並や施設など、各シーンにおける各デザインが魅力的で適切である必要がある。ここにおいてエコデザインやユニバーサルデザインの視点も重要な課題となる。また、それらを総合的にコントロールするために、地域ブランドの商標登録や景観色彩計画など、地域アイデンティティの調査・分析に基づくブランディングも観光における重要なデザインの役割であろう。

IV

観光と文化について学ぶ

第30章
観光と宗教

森 正人

　本章では「宗教」を、神または絶対的な超越者に対する信仰が制度化されたものと定義する。キリスト教、仏教、イスラーム教の三大宗教に代表される既成宗教のほか、新宗教などとよばれる新しく設立された団体もそこに含まれることになる。この宗教と観光がどのように関係するのかを本章では考える。

1．宗教と観光のかたち

　宗教と観光の結びつきとして、宗教施設の観光化と巡礼の観光化の二つの形式を考えてみよう。ここでいう宗教施設とは寺社仏閣、教会、モスクなどの参拝・礼拝施設のほか、宗教団体が所有する墓地も含む。また巡礼とはそれぞれの教義や宗派において強力な意味と価値が与えられた「聖地」と呼ばれる場所を目指す旅である。

　同一宗教、宗派や教団に属している信者であれば、通常は宗教施設に対して宗教的な価値を見出す。しかし、異なる宗教や宗派などに属する人たち、あるいは無宗教の人たちは宗教施設に文化・歴史的価値あるいは珍奇なものとしての価値を見出すこともある。このような観光的な価値を宗教施設が常に歓迎するわけではない。たとえば、イスラームのモスクやユダヤ教のシナゴーグのなかには信者以外の入場を認めないものもある。他方、キリスト教のカトリックの本山であるバチカンのサンピエトロ大聖堂は、信徒だけでなく観光客の入場を認める。また、日本においてもほとんどの著名な仏教寺院は観光客を受け入れている。したがって、宗教施設の観光化を考える場合、それぞれの宗教における非信者のアクセシビリティを理解する必要がある。

　宗教的施設が文化的、歴史的、あるいは美的な価値をもつときには、その宗教の信者が同一宗教の宗教施設を観光する場合がある。たとえば、

図 30-1　エルサレムの聖墳墓教会前に巡礼者によって置かれた十字架
筆者撮影。

ヨーロッパの教会のなかには建築上の特性をもつもの、美的な天井画や
油彩画をもつものが多く存在し、それらをみるためにキリスト教徒も訪
れる。彼らは入場料を支払い、建物を観光する。

　今度は巡礼を考えてみよう。巡礼は、観光と同じように宗教施設や宗
教的な価値の高い場所を訪れる現象であり、観光よりも強い宗教的動機
によってなされる傾向がある。巡礼者は同一宗教における聖地を目指す
のである。たとえば、よく知られる巡礼の一つに、サウジアラビアのメ
ッカ巡礼がある。預言者ムハンマドが六世紀後半に生まれたこの都市に
は、1 年をとおしてメッカへの巡礼が行われる（ウムラとよばれる）。と
くにイスラーム暦第 12 月 8 日から 10 日にかけてこの都市一帯で執り行
われる一連の儀式へ参加することは「ハッジ」と呼ばれ、とりわけ重要
視される。

　キリスト教の最大の聖地は、イエスが生まれたベツレヘムや処刑され
たエルサレム、そしてローマカトリックの総本山であるバチカンのサン
ピエトロ大聖堂だろう。ベツレヘムには聖誕教会、エルサレムにはゴル
ゴダの丘の跡に建てられた聖墳墓教会があり、世界中からキリスト教徒
を呼び寄せる。イエスに直接関連する聖地だけではなく、サンピエトロ
大聖堂はその名のとおり、天国への鍵を持つペテロへの信仰が強く関連
している。大聖堂はペテロの墓のうえに建っているとされ、巡礼者はペ

Ⅳ
観光と文化について学ぶ

テロの足にひれ伏したり口づけたりすることで御利益を得ようとする。

　2004年4年7月に「紀伊山地の霊場と参詣道」としてその巡礼路が世界文化遺産に登録された熊野詣は、和歌山県の熊野三山と呼ばれる田辺市の熊野坐神社（本宮）、熊野那智神社（那智）、新宮市の熊野速玉神社（新宮）を参詣するものである。平安時代に三山の信仰は仏教に取り込まれ、平安後期に熊野一二所権現を祭祀することで熊野への信仰が体系化されると、貴族たちの間で熊野参詣がブームになる。また三重県伊勢市にある伊勢神宮は、皇室の氏神でもある天照大御神を祀る内宮と農業の神である豊受大御神を祀る外宮に参宮する伊勢参りの舞台である。一般庶民に伊勢参りが爆発的に広がるのは江戸時代であり、慶安3（1650）年より約60年に一度「おかげまいり」とよばれる突発的な集団参詣も起こった。

2．観光化のエージェントたち

　宗教的施設や聖地の観光化には、そのメリットとデメリットが存在する。メリットから説明しよう。観光化はその宗教や施設の社会的認知度を高め、多くの信者を獲得する契機となる。また観光客が支払う金銭は、宗教施設や聖地とその周辺地域に経済的利益をもたらす。伊勢神宮外宮は江戸時代に多くの参詣客を集めたため、外宮のある山田は旅館や食事処、土産物屋などが集まった門前町として大きく発展した。同様のことはキリスト教のサンピエトロ大聖堂やユダヤ教、キリスト教、イスラーム教それぞれの聖地であるエルサレムにおいてもみられる。

　他方、デメリットとして世俗化がある。過度に観光化が進展すると、宗教的な価値を重視する人々はそれを世俗化だと批判し、観光客の立ち入りや振る舞いを制限することになる。たとえば、タイの仏教寺院を訪れるときには、露出度の高い衣服の着用を控えることが求められる。観光客に開放されている他宗教の宗教施設であっても、女性にヴェールの着用を求める場合がある。つまり、観光と宗教が遭遇したときには、宗教的価値と世俗的価値はときに融和し、ときに対立するのである。

　こうした観光客と宗教関係者の間をとりもつのが観光化のエージェントたちである。観光業者、地方自治体、鉄道会社などがこれに含まれる。

長崎県のキリスト教建築の観光化を見てみよう。2007 年 1 月に「長崎の教会群」が日本の世界文化遺産暫定登録リストに掲載された。これを推進してきたのが、2001 年に結成された「世界遺産の会」である。行政関係者、地元企業やマスメディア、教会関係者らからなるこの組織は、長崎の教会群の歴史的価値、審美的価値、風土的価値を強調し、しかもこの教会群の価値は、教会の保存・公開と観光との調和によって広くアピールされると考えるのである（松井 2013）。観光資源としての教会の価値も世界遺産登録運動においては重要となる。また 2003 年に、長崎県平戸市におけるキリスト教文化が「キリシタン」ということばで観光化されていた。これを発起したのは観光学者、長崎県の観光関連組織や団体の代表者、そしてカトリック教会関係者である。このように、宗教施設の観光化には行政や観光業者、メディアなども関与するのである。

3．聖地を作り上げるエージェント

　長崎の教会群の例は、特定の人々や団体が観光客の嗜好性にいち早く反応してキリスト教文化の観光化を推し進めたことを示す。教会群は宗教的価値のほかに、歴史的、文化的、美的価値を獲得したのである。観光化は宗教施設や聖地の宗教的価値以外の価値を見出す重要な契機であり、その意味獲得のプロセスにおいて宗教的施設や聖地は観光地として「作られる」のである。たとえば、四国の 88 の寺院をめぐる四国遍路巡礼は、1920 年代に国内観光産業とかかわりをもつ。すなわち、宗教的な動機ではなく、地方の風変わりな習俗の一つに対する好奇心を動機として、四国遍路を行う人たちが登場しはじめた。この四国遍路の観光地としての意味を発見したのは、旅行雑誌記者や新聞記者のほか汽船会社などの交通関連業者だった（森 2005、2014）。
　価値だけでなく、聖地自体も人間の創造物であり、普遍的なものではない。わかりやすい例がフランスのルルド巡礼である。1858 年 2 月 11 日、フランスのルルドの町にほど近い川岸で、少女ベルナデッタ・スビルーは「白い服を着た少女」の「人影」と出会った。その後、17 回にわたってベルナデッタにだけ出現するこの人影は、聖母マリアであると次第に広く信じられるようになった。しかも彼女は洞窟で泉を掘りあて、

IV

観光と文化について学ぶ

図 30-2　高知県室戸市の御厨人窟
左には「弘法大師修行之地」と書かれた石碑がみえる。筆者撮影。

その泉が病気治癒の効果をもつといわれるようになった。次第に、この洞窟とその周辺はルルド小教区により聖域として整備されていった。1862年、カトリック教会によってマリアの出現が承認されると、この洞窟一帯の土地は司教区によって購入された。それにともない、小教区や地元の信者が捧げた金銭や供物をルルド市が撤去し、さらにカトリックによって洞窟への巡礼が合法化され、団体あるいは個人によって行われるこの地方の宗教儀式の一つとみなされるようになった。1866年には洞窟に地下聖堂が完成し、正式にカトリックの聖地となったのである。そして今、多くの巡礼者とともに観光客がこの場所を訪れる。

　よりはっきりと地方自治体が関与した例として、高知県室戸市にある弘法大師空海が修行をして悟りを開いたといわれる聖地「御厨人窟」をみてみよう。この洞窟は弘法大師が入寂して50年ごとに開催される記念行事の弘法大師入定御遠忌一一五〇年である1984年に作られ整備された聖地である（森 2001）。真言宗豊山派は、御遠忌にあわせて、複数存在した弘法大師修行の伝説をもつ地から一つを選び出し、それに「御厨人窟」という名をつけて聖地としたのである。この聖地決定には地方の活性化を目指す室戸市も深く関与した。というのも、この聖地整備により観光客を獲得できると考えるからで、この聖地決定にあわせて

同年から空海まつりを開催した。

　もう一つ、国家と鉄道会社による宗教観光の創造例として正月の初詣も紹介しておこう。正月に寺院を参詣し一年の安全を祈念するこの習俗は、正月のある種の観光であり、寺社は少なくない経済的利益をこれから上げている。しかし江戸時代以前、一般的には正月三が日は外出せず、家のなかでその年の歳徳神を迎える傾向が強かったと考えられる。それが、明治時代以降、元日に行われる官公庁への拝賀と学校の元始祭をとおして宮中行事と結びつき、元日のもつ特別な意味が社会に浸透していく（高木 1997）。つまり、国家が整備されていくなかで、大正時代までに正月行事としての「初詣」が成立したのである。しかも乗降客の獲得を狙った鉄道会社などがこの初詣をキャンペーンや広告などを用いて流布させることによって、京都の特定の寺社仏閣が初詣の名所となっていったのだ。

4．聖と俗

　宗教的な巡礼は、世俗的な鉄道によって促進される。フランスのルルド巡礼は鉄道網整備によって飛躍的に発展した。1867 年 6 月にフランス南西部を走るトゥールーズ＝バイヨンヌ線に、新たに敷設されたルルド＝ボルドー線が連結され、ボルドー経由でルルドとパリが結ばれた。これによりフランス各地から巡礼者がルルドを訪れるようになった。1872 年からは毎年、ルルドの聖域にフランス各地から巡礼者が訪れる全国統一巡礼が組織されるようになり、さらにさまざまな単位での巡礼団も結成されるようになった。個人での巡礼も増え、1878 年には合計183 の巡礼団、14 万人の巡礼者がルルドを訪れたのである。

　観光化によって宗教的な価値が生まれることもある。四国遍路の場合、1920 年代の観光化に対して、宗教的な意味や装束を主張する団体が登場した（森 2005）。しかし、この団体が主張する宗教的な正しさには宗教的な根拠が欠けていた。というのも、仏教関係者の多くは四国遍路を仏教とは無縁の民間信仰として軽んじていたため、経典が存在しなかったからである。四国遍路の場合に興味深いのは、最初に確固とした宗教的価値があって、世俗化するのではなく、観光化、世俗化がはじまって、

はじめてその宗教的な価値が主張されることである。

　宗教と観光の関係は、聖なるものや宗教的なものと、世俗化や観光化という単純なものではない。宗教的価値、文化的・歴史的価値、美的価値がどのようなプロセスにおいて主張されるのか、それを主張するのは誰なのかを検討する必要がある。聖と俗は対立しながら、互いを支えるのである。

【参考文献】
クラヴリ、エリザベート（2010）『ルルドの軌跡──聖母の出現と病気の治癒』遠藤ゆかり訳、創元社。
高木博志（1997）『近代天皇制の文化史的研究──天皇就任儀礼・年中行事・文化財』校倉書房。
松井圭介（2013）『観光戦略としての宗教』筑波大学出版会。
森正人（2001）「場所の真正性と神聖性──高知県室戸市の御厨人窟を事例に」『地理科学』56巻4号、252-271頁。
森正人（2005）『四国遍路の近現代』創元社。
森正人（2014）『四国遍路』中央公論新社。

人名索引

事 項 索 引

【執筆者紹介】（五十音順。＊は編者。氏名の右に担当章を併記。）

伊藤　央二（いとう・えいじ）Ⅳ・24
1983年生まれ。アルバータ大学体育・レクリエーション学部博士後期課程
修了。博士（体育・レクリエーション学）。現在、和歌山大学観光学部講師。
専門は余暇・レジャー学、文化心理学、スポーツツーリズム。"Cultural
commonality and specificity in Japanese and Euro-Canadian
undergraduate students' leisure experiences: An exploratory study on
control and positive affect" (*Leisure Sciences*, 2016年)、"A systematic
review of non-Western and cross-cultural/national leisure research"
(*Journal of Leisure Research*, 2014年)、他。

上野山　裕士（うえのやま・ゆうじ）Ⅲ・16
1985年生まれ。大阪大学大学院人間科学研究科博士後期課程修了。博士
（人間科学）。現在、和歌山大学観光学部観光実践教育サポートオフィス特
任助手。専門は地域福祉。
『「対話と学び合い」の地域福祉のすすめ』（分担執筆、全国コミュニティラ
イフサポートセンター、2014年）、他。

大井　達雄（おおい・たつお）Ⅱ・8
1971年生まれ。立命館大学大学院経営学研究科博士課程後期修了。博士
（経営学）。現在、和歌山大学観光学部教授。専門は観光統計、企業不動産マ
ネジメント。「観光統計の現状と真実性からみた課題」『観光学評論』Vol.3
No.2, 87-100頁、「統計調査の仕組みと方法の問題を探る：観光入込客統計
を例として」『統計』2014年12月号、32-37頁、他。

大浦　由美（おおうら・ゆみ）Ⅲ・13、Ⅲ・18
1968年生まれ。信州大学大学院農学研究科修士課程修了。博士（農学）。現
在、和歌山大学観光学部教授。専門は森林経済学。『都市と農村―交流から
協働へ』（分担執筆、日本経済評論社、2011年）、他。

＊大橋　昭一（おおはし・しょういち）Ⅰ・1
1932年生まれ。神戸大学大学院経営学研究科後期博士課程単位取得退学。
経営学博士。現在、和歌山大学客員教授・名誉教授、大阪観光大学名誉教授、
関西大学名誉教授。2011年に瑞宝中綬章を受章。専門は観光学原理。『観光
の思想と理論』（文眞堂、2010年）、他。

尾久土　正己（おきゅうど・まさみ）Ⅱ・12

1961 年生まれ。佐賀大学大学院工学系研究科博士（後期）課程修了。博士（学術）。現在、和歌山大学観光学部教授。専門は天文学、教育工学、観光学。「マルチメディアを駆使した天文学の理解増進」で文部科学大臣表彰。

加藤　久美（かとう・くみ）Ⅳ・25

1960 年生まれ。クイーンズランド大学大学院博士課程修了。博士（人文科学）。現在、和歌山大学観光学部教授。専門は人文環境学。Kato, K. (2015) Australia's whaling discourse. Global norm, green consciousness and identity, *Journal of Australian Studies*, 39(4), 477-493, Kato, K. (2013) As Fukushima unfolds, in Lester, L. and Hutchins, B. *Environmental Conflict and the Media*. Peter Lang、他。

＊神田　孝治（かんだ・こうじ）Ⅰ・2、Ⅳ・22

1974 年生まれ。大阪市立大学大学院文学研究科後期博士課程単位取得退学。博士（文学）。現在、和歌山大学観光学部教授。専門は文化地理学、観光学。『観光空間の生産と地理的想像力』（ナカニシヤ出版、2012 年）、『観光の空間』『レジャーの空間』（編著、ナカニシヤ出版、2009 年）、『観光学ガイドブック』（共編著、ナカニシヤ出版、2014 年）、他。

木川　剛志（きがわ・つよし）Ⅲ・14

1976 年生まれ。京都工芸繊維大学大学院博士後期課程修了。博士（工学）。現在、和歌山大学観光学部准教授。専門は都市計画・建築計画、デザイン学、地域プロデュース。映画プロデュース作品として「カタラズのまちで」（津田寛治監督、2012 年）、監督作品として「君がいた街」（2013 年）、「福井の旅」（2014 年）、「死神」（2016 年）、他。

北村　元成（きたむら・もとなり）Ⅳ・29

1972 年生まれ。筑波大学大学院芸術学研究科修了。修士（デザイン学）。現在、和歌山大学観光学部教授。専門はグラフィックデザイン、ブランドデザイン、サイン。

佐々木　壮太郎（ささき・そうたろう）Ⅱ・10

1967 年生まれ。神戸大学大学院経営学研究科博士後期課程中退。修士（経営学）。現在、和歌山大学観光学部教授。専門はマーケティング、消費者行動論。『消費者行動論：マーケティングとブランド構築への応用』（共著、有斐閣、2012 年）、『消費者行動研究の新展開』（分担執筆、千倉書房、2004 年）、他。

佐野　楓（さの・かえで）Ⅱ・9
1982 年生まれ。神戸大学大学院経営学研究科後期課程修了。博士（商学）。
現在、和歌山大学観光学部准教授。専門はマーケティング論。"Does social
media enhance innovation in customer relationship management"（2014
年）、「保険サービスの継続利用に対するソーシャルメディアの効果」（2014
年）、他。

竹田　明弘（たけだ・あきひろ）Ⅱ・6
1969 年生まれ。神戸大学大学院経営学研究科博士課程単位取得退学。修士
（経営学）。現在、和歌山大学観光学部准教授。専門は経営管理。『現代の観
光とブランド』（分担執筆、同文館出版、2013 年）、『1 からの経営学　第 2
版』（分担執筆、碩学舎、2012 年）、他。

竹鼻　圭子（たけはな・けいこ）Ⅳ・27
1953 年生まれ。大阪大学大学院文学研究科博士後期課程単位取得退学。修
士（文学）。現在、和歌山大学観光学部教授。専門は英語学、異文化交流。
Tea—Seeking the Missing Link to Rikyu（英訳、英宝社、2016 年）、『しな
やかな組織としてのことば』（英宝社、2009 年）、他。

竹林　明（たけばやし・はじめ）Ⅱ・7
1962 年生まれ。神戸大学大学院経営学研究科博士後期課程単位取得退学。
経営学修士。現在、和歌山大学観光学部教授。専門は人的資源管理論、組織
行動論。『柔構造組織パラダイム序説』（共著、中央経済社）、『経験から学ぶ
経営学入門』（共著、有斐閣）、『観光とブランド』（分担執筆、同文館）、他。

竹林　浩志（たけばやし・ひろし）Ⅱ・4
1970 年生まれ。関西大学大学院商学研究科博士後期課程単位取得退学。修
士（商学）。現在、和歌山大学観光学部准教授。専門は観光戦略論、経営組
織論。『ホーソン実験の研究』（共著、同文館出版、2008 年）、『観光学ガイ
ドブック』（分担執筆、ナカニシヤ出版、2014 年）、他。

出口　竜也（でぐち・たつや）Ⅱ・11
1964 年生まれ。神戸商科大学（現在兵庫県立大学）大学院経営学研究科博
士後期課程退学。経営学修士。現在、和歌山大学観光学部教授。専門は経営
組織論、経営戦略論。『経営理念〜継承と伝播の経営人類学的研究』（共著、
PHP 研究所、2008 年）、『ケーススタディ　ビジネスモデルシンキング』（共
著、文眞堂、2007 年）、『会社文化のグローバル化〜経営人類学的研究』（共
著、東方出版、2007 年）、他。

長坂　契那（ながさか・けいな）Ⅳ・23
1983 年生まれ。慶應義塾大学大学院社会学研究科博士課程単位取得退学。博士（社会学）。現在、和歌山大学国際観光学研究センター（CTR）客員特別研究員。専門は観光社会学、歴史社会学。「旅行ガイドブックと国民国家の形成——*An Official Guide to Eastern Asia* の位置づけ」（『関東都市学会年報』13 号、2011 年）、「明治初期における日本初の外国人向け旅行ガイドブック」『人間と社会の探究　慶應義塾大学大学院 社会学研究科紀要』69 号、2010 年）、他。

中串　孝志（なかくし・たかし）Ⅲ・20
1975 年生まれ。京都大学大学院理学研究科博士後期課程卒業。博士（理学）。現在、和歌山大学観光学部准教授。専門は惑星気象学。

永瀬　節治（ながせ・せつじ）Ⅲ・19
1981 年生まれ。東京大学大学院工学系研究科博士課程修了。博士（工学）。現在、和歌山大学観光学部准教授。専門は都市計画、市民主体のまちづくり、歴史的環境保全。『図説　都市空間の構想力』（共著、学芸出版社、2015 年）、他。

東　悦子（ひがし・えつこ）Ⅳ・28
1960 年生まれ。京都女子大学大学院文学研究科博士後期課程教育学専攻単位取得退学。修士（教育学）。現在、和歌山大学観光学部教授。専門は英語教育、移民研究。『越境と連動の日系移民教育史—複数文化体験の視座』（分担執筆、ミネルヴァ書房、2016 年）、『現代の観光とブランド』（分担執筆、同文舘出版、2013 年）、他。

廣岡　裕一（ひろおか・ゆういち）Ⅱ・5
1962 年生まれ。立命館大学大学院政策科学研究科博士後期課程修了。博士（政策科学）。現在、和歌山大学観光学部教授。専門は観光学。『旅行取引論』（晃洋書房、2007 年）、『変化する旅行ビジネス』（共編著、文理閣、2003 年）、他。

藤田　武弘（ふじた・たけひろ）Ⅲ・17
1962 年生まれ。大阪府立大学大学院農学研究科博士後期課程単位取得退学。博士（農学）。現在、和歌山大学観光学部教授。専門は農業経済学、都市農村交流論。『食と農の経済学』（共編著、ミネルヴァ書房、2004 年）、『地域産業複合体の形成と展開』（共編著、農林統計協会、2005 年）、『都市と農村』（共編著、日本経済評論社、2011 年）、他。

堀田　祐三子（ほりた・ゆみこ）Ⅲ・15、Ⅲ・21
1972年生まれ。神戸大学自然科学研究科博士後期課程修了。博士（工学）。
現在、和歌山大学観光学部教授。専門は都市計画・都市政策。『これからの
住まいとまち：住む力をいかす地域生活空間の創造』（朝倉書店、2014年）、
『イギリス住宅政策と非営利組織』（日本経済評論社、2005年）、他。

森　正人（もり・まさと）Ⅳ・30
1975年生まれ。関西学院大学大学院文学研究科博士課程後期課程修了。博
士（地理学）。現在、三重大学人文学部准教授。専門は文化地理学。『四国遍
路の近現代──「モダン遍路」から「癒しの旅」まで』（創元社、2005年）、
『昭和旅行誌──雑誌「旅」を読む』（中央公論新社、2010年）、『英国風景
の変貌──恐怖の森から美の風景へ』（里文出版、2012年）、『四国遍路──
八八ヶ所の歴史と文化』（中公新書、2014年）『戦争と広告──第二次大戦、
日本の戦争広告を読み解く』（KADOKAWA、2016年）、他。

＊**山田　良治**（やまだ・よしはる）Ⅰ・3
1951年生まれ。京都大学大学院農学研究科博士課程中退。農学博士。博士
（経済学）。現在、和歌山大学観光学部教授。専門は社会経済学。『戦後日本
の地価形成』（ミネルヴァ書房、1991年）、『土地・持家コンプレックス』（日
本経済評論社、1996年）、『私的空間と公共性』（日本経済評論社、2010年）、
他。

吉田　道代（よしだ・みちよ）Ⅳ・26
1967年生まれ。南オーストラリア州立フリンダース大学博士課程修了。博
士（地理学）。現在、和歌山大学観光学部教授。専門は社会地理学、オース
トラリア地誌。*Women, Citizenship and Migration: Resettlement of
Vietnamese Refugees in Australia and Japan*（ナカニシヤ出版、2011年）、
『レジャーの空間』（編著、ナカニシヤ出版、2009年）、他。

ここからはじめる観光学
楽しさから知的好奇心へ

2016 年 12 月 23 日　初版第 1 刷発行　　（定価はカヴァーに）
2024 年 4 月 25 日　初版第 3 刷発行　　 表示してあります

編　者　　大橋昭一　　山田良治　　神田孝治
発行者　　中西　良
発行所　　株式会社ナカニシヤ出版
　　　　　〒 606-8161 京都市左京区一乗寺木ノ本町 15 番地
　　　　　　　　TEL 075-723-0111　 FAX 075-723-0095
　　　　　　　　http://www.nakanishiya.co.jp/

装幀＝白沢　正
印刷・製本＝創栄図書印刷
© S. Ohashi, Y. Yamada, K. Kanda *et al.* 2016　Printed in Japan
※乱丁・落丁本はお取り替え致します。
ISBN978-4-7795-1123-3　　C1036

レジャーの空間
――諸相とアプローチ――

神田孝治　編

「余暇＝レジャー」のさまざまな側面と、それを読み解くための25のアプローチ。「空間」に着目し、日常性と非日常性をあわせもつ「レジャー」を、スポーツなど具体的な事例をもとに解説。　　二九〇〇円

観光の空間
――視点とアプローチ――

神田孝治　編

「観光」という複雑な現象を読み解くための25の視点とアプローチ。「空間」に着目し、観光空間の形成や観光客の行動、ゲスト・ホスト間のコンフリクトなどを分析する。観光研究への実践的入門書。　二九〇〇円

観光空間の生産と地理的想像力

神田孝治　著

人は何を求めて旅をするのか。楽園、郷土、国家、恋愛、自由……。戦前から現代まで、わたしたちは「観光地」に何をみたのか。観光と空間イメージの相互作用を探求する。　　　　　　　　　　　二六〇〇円

観光学ガイドブック
新しい知的領野への旅立ち

大橋昭一・橋本和也・遠藤英樹・神田孝治　編

「観光学ってどんな学問？」「どういう視点をもって研究すべき？」そんな迷いを解決する観光学の案内書！研究の視点と方法や、観光の歴史・最新の状況がわかる、学びの羅針盤となる一冊。　　　　　二八〇〇円